秒懂AI写作

让你轻松成为写作高手

第2版

秋叶　刘进新　贾凝墨　万静

_____ 著

人民邮电出版社

北京

图书在版编目（CIP）数据

秒懂 AI 写作 : 让你轻松成为写作高手 / 秋叶等著.
2 版. -- 北京 : 人民邮电出版社, 2025. -- ISBN 978-7-
115-66131-9

Ⅰ. H05-39

中国国家版本馆 CIP 数据核字第 2025∃59A69 号

内 容 提 要

　　本书针对职场、生活、学习领域常见的 40 余种写作场景，详细介绍了如何正确利用 AI 完成多种写作任务，并归纳出使用 AI 写作的方法和技巧。

　　本书分为 5 章。第 1 章通过 5 个步骤、6 种写作结构介绍了如何让 AI 完成多种类型的写作任务；第 2 章至第 5 章分别详细介绍了在新媒体文章写作、职场应用文写作、商业营销文案写作、知识研究型写作等场景中使用 AI 的技巧，帮助读者充分发掘 AI 的潜力，让写作简单有趣，让工作轻松高效。

　　本书适合各行各业有写作需求的人群阅读。

◆ 著　　　　秋　叶　刘进新　贾凝墨　万　静
　　责任编辑　马雪伶
　　责任印制　胡　南

◆ 人民邮电出版社出版发行　　北京市丰台区成寿寺路 11 号
　　邮编　100164　　电子邮件　315@ptpress.com.cn
　　网址　https://www.ptpress.com.cn
　　北京天宇星印刷厂印刷

◆ 开本：880×1230　1/32
　　印张：7　　　　　　　　　　　2025 年 7 月第 2 版
　　字数：168 千字　　　　　　　 2025 年 7 月北京第 1 次印刷

定价：59.80 元

读者服务热线：(010)81055410　印装质量热线：(010)81055316
反盗版热线：(010)81055315

《秒懂 AI 写作：让你轻松成为写作高手》自面世以来，受到很多人的喜爱。截止到 2025 年 3 月，该书已经印刷了 13 次，我们收到了来自各行各业读者的热烈反馈与宝贵建议。

很多读者告诉我们，这本书为他打开了 AI 写作的大门。它不仅帮助众多有写作需求的读者掌握了 AI 写作的技巧，更激发了他们在创作领域的无限潜能。这本书介绍的方法与技巧让没有写作经验的朋友也能够写出优质的文章，让有写作经验的人提高了写作效率。

在过去的两年，AI 技术日新月异，许多优质的 AI 工具涌现出来，比如 DeepSeek、腾讯元宝、文心一言、通义千问、讯飞星火、Kimi、豆包等。这些 AI 工具不仅功能日益强大，还基于对国内语言文化和多场景应用的深刻理解，展现了更强的本地化内容输出能力。

鉴于 AI 技术发展飞速及其在写作领域应用广泛，我们决定对《秒懂 AI 写作：让你轻松成为写作高手》进行全面升级，以期为读者带来更前沿、更实用、更高效的 AI 写作方法和技巧。当然，本次升级还是围绕"秒懂"和"实用"进行，可以理解为人人都可以看，看完就能懂，懂了立马就能用。

在本次升级中，我们优化了案例，更新了提示词及 AI 生成的内容，帮助读者更好地理解和运用 AI 工具。我们保留了不同主题下的写作思路框架，补充了提示词模板，涵盖了 40 余种写作场景，可让读者哪里不会查哪里，先理解写作思路，再套用 AI 提示词模板，写得又快又好。

我们期待通过本书，继续帮助更多读者提升利用 AI 写作的技巧，让不会写作的人能够轻松成为写作高手，从"无从下手"到"得心应手"；让会写作的人提升写作效率，从"熬夜加班"到"准点下班"！

目录

第 1 章

掌握 AI 写作技能，让写作效率翻倍

第 2 章

新媒体文章写作

第 3 章

职场应用文写作

第 4 章

商业营销文案写作

第 5 章

知识研究型写作

第 1 章

掌握 AI 写作技能，让写作效率翻倍

1.1 又好又快，AI 写作有多神

想象一下，无论是写通知、工作总结，还是写商业计划书，都有一个小助手帮你轻松完成，甚至比你干得更好，你一天的工作小助手只需要几分钟就能搞定，是不是太棒了。

随着 AI 技术的飞速发展，上文的想象已经成为现实。一位 4A 公司的员工说：两家公司竞标，人工写竞标书的公司没中标，反倒是 AI 生成竞标书的公司中标了。AI 生成内容的质量由此可见一斑。

AI 这个小助手可以根据我们的需求生成各种类型的文章，让写作变得轻松高效、省时省力。

AI 在写作上有哪些优势呢？

（1）可以快速生成文章。AI 具备强大的数据处理能力，能够从海量的信息中快速筛选出有用的素材，并按一定的逻辑生成结构清晰、逻辑严密的文章。这样一来，我们不再需要在查找资料和整理信息上花费大量时间。

（2）可以生成不同类型的文章。AI 具有高度的灵活性，能够根据我们的需求生成不同类型的文章，如工作总结、新媒体文章、研究论文等。而且，它还可以根据我们的写作风格和要求进行个性化调整，使文章更符合我们的创作风格，更受读者的喜爱。

（3）可以大幅提高写作质量。AI 可以在短时间内生成语法错误较少、用词准确的文章。此外，它还能为我们提供优化建议，帮我们改进文章结构，优化表达方式，从而提升文章质量。

将写作任务交给 AI，不仅能够减轻我们的工作负担，还能让我们获得更多的灵感和创意。我们可以将 AI 生成的内容作为初稿，根据自己的需求对其进行修改和优化，最终得到高质量的文章。

1.2 5 步驾驭 AI，避免"一本正经地胡说八道"

有人使用 AI 生成的文章符合要求，而有人使用 AI 生成的文章，要么文不对题，要么错漏百出，有人甚至抱怨 AI "一本正经地胡说八道"，比如 AI 篡改名著，或在文章中引用根本不存在的文献资料。这是为什么呢？

我们在使用 AI 写作时，不能简单地复制 AI 的回答，而是要有自己的思路和逻辑，也要有判断正误的意识。

如果想充分发挥 AI 的潜力，我们就需要学会驾驭 AI，让它为我们带来更多的便利。下面介绍使用 AI 写作的基本步骤，以帮助大家更好地利用 AI 写作。

选择合适的 AI 工具。市面上有很多 AI 工具，它们有各自的特点和优势。除了 ChatGPT，DeepSeek、腾讯元宝、文心一言、通义千问、讯飞星火、Kimi、豆包也都是功能很强大的 AI 工具，它们基于对国内语言文化和多场景应用的理解，拥有更强的本地化内容输出能力，因此也更加实用。

明确写作目标和要求。在使用 AI 写作时，明确写作目标非常重要。我们需要先给 AI 设定一个身份，并告诉 AI 需要它完成的任务，如撰写一篇工作总结、一篇小红书笔记等。同时，我们需要向 AI 说明生成的内容要符合什么标准，达到什么效果，让 AI 充分了解我们的要求，这样 AI 才能生成符合要求的内容。

逐步优化。为了得到更符合预期的内容，我们可以逐步优化输入的问题，让 AI 更好地理解我们的需求。例如，可以通过修改关键词、补充细节要求等方式，引导 AI 生成更符合预期的内容。同时，不妨尝试利用多种 AI 工具，比较不同 AI 工具生成的内容，以找到最佳方案。

善用提示词模板。巧妙地运用提示词模板是提升写作效率与质量的关键一步。它们能够引导 AI 更准确地理解我们的意图，从而生成更加贴合需求的内容。这些模板不仅简化了我们的输入过程，还能够在一定程度上规范 AI 的输出风格，确保生成的内容既有用又专业。

审阅和修改。虽然 AI 的写作能力越来越强，但它仍然无法完全替代人类进行创作。因此，在使用 AI 生成的内容时，我们需要仔细审阅并进行必要的修改，以保证内容的质量，同时使其符合人们的阅读习惯。

掌握以上 5 步操作，我们就能更好地驾驭 AI。

本书约定

提示词模板：表示用户可以直接对 AI 使用的结构化指令。

用户提问：表示用户发送给 AI 的内容。

AI 的回答：表示 AI 输出的内容。

[ ]：表示用户可以根据需求自行替换的内容。

1.3 掌握6种写作结构，轻松应对各种写作任务

所有的事物都有规律，写作也一样，写作的规律可以通过公式来总结和应用。

在使用 AI 时，运用本书提供的写作方法和提问公式，更容易得到符合预期的内容。当然，各种 AI 工具的能力和侧重点有区别。对于所有 AI 的回答我们都注明了来源，大家可以在多个平台自行测试，选择最符合自己要求的 AI 工具。

为了在各种写作场景中充分发挥 AI 的作用，我们还需要掌握一些写作结构。以下几种针对不同场景的写作结构可以帮助我们更好地向 AI 表达需求，让它更智能地为我们提供服务。

注：本书提供的所有提问逻辑和方法适用于目前大部分 AI 工具。

一、叙述性写作

叙述性写作需要 AI 生成连贯的故事情节，可以尝试使用"开场—发展—高潮—结局"的结构进行提问，例如这样问 AI。

❓ 请根据以下 4 个部分为我写一个科幻故事：

（1）开场，描述一位宇航员在太空站的生活；

（2）发展，宇航员发现了一个神秘的信号；

（3）高潮，宇航员揭示信号的真相；

（4）结局，宇航员得到了一个意想不到的启示。

二、创意策划

在创意策划领域，AI 能够提供新颖的思路和方案。此时，可以采用"问题背景—目标设定—创意点挖掘—实施步骤"的结构进行提问，例如这样问 AI。

❓ 请提供一个面向年轻人的科技产品发布会创意策划方案，其包括以下几个部分：

（1）问题背景，分析当前市场趋势及目标群体的需求；

（2）目标设定，明确发布会希望达到的品牌宣传效果或产品销售目标；

（3）创意点挖掘，提出几种创新的发布会环节或互动方式，吸引观众注意；

（4）实施步骤，详细规划从策划到执行的全过程，包括时间安排、人员分工、预算分配等。

三、学术论文

学术论文要有严谨的逻辑和丰富的论据支持，可以运用"研究问题—文献综述—研究方法—结果分析—结论与展望"的结构进行提问，例如这样问 AI。

❓ 请协助我撰写一篇关于"人工智能在医疗诊断中的应用"的学术论文概要：

（1）研究问题，明确当前医疗诊断中存在哪些问题，以及 AI 如何解决这些问题；

（2）文献综述，概述国内外关于 AI 在医疗诊断中的应用的研究现状；

（3）研究方法，介绍计划采用的研究方法、数据来源及分析工具；

（4）结果分析，预测并概述可能的研究结果及其意义；

（5）结论与展望，总结研究发现，提出未来研究方向或实际应用建议。

四、社交媒体文案

社交媒体文案需要吸引眼球、易于传播，可以尝试使用"吸引注意—激发兴趣—引导行动"的结构进行提问，例如这样问 AI。

❓ 请为我的新产品撰写一条微博，要求如下：

（1）吸引注意，使用创意标题或图片快速抓住用户眼球；

（2）激发兴趣，简短介绍产品亮点，激发用户好奇心；

（3）引导行动，明确告诉用户如何参与（如点击链接、转发抽奖等）。

五、新闻报道

新闻报道追求时效性、准确性和客观性，可以采用"事件概述—影响分析—各方反应—未来展望"的结构进行提问，例如这样问 AI。

❓ 请从以下几个方面为 ×× 事件撰写一篇新闻报道：

（1）事件概述，简述该事件发生的时间、地点、经过以及涉及的主要人物；

（2）影响分析，评估该事件对社会、经济、文化等方面的潜在影响；

（3）各方反应，收集并整理政府、企业、专家及公众等不同群体的观点与评论；

（4）未来展望，预测该事件可能的发展趋势或后续影响。

六、产品宣传或说明文案

在撰写产品宣传或说明文案时，需要详细、准确地介绍产品的功能、使用方法及注意事项，可以采用"产品概述—功能特点—使用步骤—注意事项—售后服务"的结构进行提问，例如这样问 AI。

❓ 请为我撰写一份 ×× 智能手环的产品说明书：

（1）产品概述，简要介绍产品名称、型号、主要面向的用户群体；

（2）功能特点，详细列出手环的各项功能及其独特之处；

（3）使用步骤，分步说明如何正确佩戴、充电、连接手机 App 及使用各项功能；

（4）注意事项，提醒用户在使用过程中需要注意的安全问题、保养方法等；

（5）售后服务，提供退换货政策、保修期限及联系方式等信息。

　　通过掌握这些针对不同写作场景的提问方法，我们可以更好地引导 AI 生成符合预期的内容，提高写作效率。善用提问，通过不断实践和调整，我们就能充分发挥 AI 的写作潜力，在各种写作任务中游刃有余。

　　本书涵盖大部分职场、生活、学习中的 40 余种写作场景，学习本书内容之后，无论面对职场应用文、商业营销文案、新媒体文案写作，还是知识研究型写作，大家都能更加得心应手。

　　那么，现在就开启我们的 AI 写作之旅吧！

第 2 章

新媒体文章写作

2.1 提供选题：让你的写作灵感源源不断

撰写新媒体文章的第一步就是确定选题。选题是新媒体创作的灵魂，优秀的选题能够吸引更多的关注，创造更高的价值。因此，对于创作者来说，寻找新鲜、独特且有吸引力的选题变得越发重要。

运用 AI，创作者可以源源不断地获得选题灵感，无论是深度挖掘某一话题，还是广泛寻找创意，都能打造出更具传播力的选题。

提供选题提示词模板 1

你是一位 [AI 扮演的**角色**]，请以我提供的主题或者事件为基础，写 10 个 [新媒体**平台**的名称] 文章的选题。

主题：[主题]

选题**要求**：[你对选题的要求，包括但不限于风格、用户画像等]。

【案例】微信公众号文章选题："如何与领导高效沟通？"

❓ 用户提问

你是一位资深的微信公众号编辑，请以我提供的主题或者事件为基础，写 10 个微信公众号文章的选题。

主题：如何与领导高效沟通？

选题要求：实用性强，能够击中职场人群痛点，并且符合微信公众号平台阅读量超过 10 万的文章特征。

● AI 的回答

以下是 10 个符合爆款文章传播特征的职场沟通选题，结合痛点场景与实用方法论设计。

1. 职场新人必看：3 个被骂惨的沟通雷区，第一个 90% 的人都踩过

（痛点：新人踩雷场景 + 血泪教训 + 避坑指南）

2. 领导最烦的 5 句"自杀式"汇报，你说过几句？

（悬念 + 禁忌词盘点 + 替换话术模板）

3. 明天要汇报！套用这个金字塔模型立刻提升逻辑力

（紧迫感 + 即学即用工具 + 视觉化模板）

4. 高情商回话清单：领导说"最近忙吗"到底怎么接？

（高频场景拆解 + 话术清单 + 潜台词解析）

5. 看完这组话术对比，才知道为什么有人 3 年就能升总监

（话术对比 + 职场晋升 + 沟通思维差异）

6. 社恐自救指南：5 招让领导认可你的方案

（人群精准定位 + 心理学技巧 + 引导话术）

7. 救命！领导深夜布置任务，高情商打工人这样回

（高频痛点 + 案例截图 + 非暴力沟通公式）

…………

选题设计逻辑

· 标题使用问句 / 数字 / 对比制造冲突

· 内容包含可复用的清单 / 模板

· 植入教育学 / 心理学等专业知识增强说服力

· 场景覆盖晋升 / "背锅" / 汇报 / 拒绝等核心痛点

建议搭配传播"钩子"

· 扫码查看"你的沟通踩雷指数"

· 领取"50 句高情商话术急救包"

· 附赠《不同领导类型沟通手册》

（以上内容由 DeepSeek-R1 生成，有删改）

如果你对自己账号的内容定位和用户人群非常了解，且希望 AI 生成的选题可以很好地匹配你的账号风格，不要过度自我发挥，可以试试下面这个提示词模板。

提供选题提示词模板 2

我是一位 [某个平台的博主或者某个工作身份]，账号内容定位是 [赛道]，我的写作风格是 [风格形容词]，我的读者人群是 [用户人群画像]。

你是一位资深的 [AI 扮演的角色]，接下来我会提供一个主题或者事件，请根据我的账号定位和写作风格，以及我提供的信息，帮我撰写 5 个适合我的选题，并给出理由。

主题：[主题]

【案例】小红书母婴博主的选题："孩子不写作业怎么办？"

❓ 用户提问

我是一位小红书母婴博主，账号内容定位是育儿干货，我的写作风格是温情的、专业的，我的读者人群是 6 岁以上孩子的妈妈。

你是一位资深的小红书母婴博主，接下来我会提供一个主题，请根据我的账号定位和写作风格，以及我提供的信息，帮我撰写 5 个适合我的选题，并给出理由。

主题：孩子不写作业怎么办？

● AI 的回答

根据您的账号定位和风格，结合 6 岁以上孩子正处于学习习惯养成的关键期，为您策划以下 5 个温情且专业的选题。

1.【深夜书桌前的悄悄话】当孩子第 3 次擦掉作业，我关掉台灯做了这件事

理由：用故事化场景切入，展示"暂停战术 + 情感连接"的沟通技巧，既避免说教的感觉，又示范了非暴力沟通，符合您温情且专业的风格。6 岁以上的孩子开始具备换位思考的能力，这种心理引导法更有效。

2.【作业本上的春天】我在客厅角落建了"魔法学习角"，孩子主动坐了过去

理由：提供可复制的环境改造方案，用"游戏化场景设计 + 五感刺激"的专业育儿理念，解决 6 岁以上儿童注意力分散的问题。视觉化的小改造既适合拍照出美图，又具有实操性，非常适合小红书母婴博主的内容呈现。

3.【作业战争停火协议】和孩子签下这份"学习公约"，效果惊呆班主任

理由：契约式教育法既尊重孩子主体性，又能够建立规则，特别适合小学阶段开始追求独立的孩子。附赠可下载的公约模板，能有效提升笔记的收藏率；将专业干货与亲子互动的温情记录相结合，有助于增强读者的黏性。

…………

这些选题兼顾了：① 避开低龄段常规方法，针对 6 岁以上孩子认知特点设计；② 每篇植入一个心理学或教育学的知识点；③ 通过生活故事自然带出专业内容；④ 设置"钩子"提高互动率（如模板 / 对照表等）；⑤ 保持温暖坚定的叙事基调。建议搭配"问题场景实拍 + 解决方案分步图解"的内容形式，符合小红书平台的视觉传播特性。

（以上内容由 DeepSeek-R1 生成，有删改）

运用这个提示词模板后，AI 生成的内容更加符合账号的定位和写作风格。

2.2　标题撰写：1 分钟搞定 10 个爆款标题

"这个标题会不会太'标题党'？"

"这个标题在小红书会爆吗？"

"这个标题中的关键词选择对不对？"

…………

新媒体从业者在写作时可能经常遇到以上问题。

想通过内容获取粉丝，标题是其中不可或缺的重要元素。一个好的标题可以快速吸引用户的注意力，使文章获得更多的曝光，从而为账号带来更多潜在的用户。

不同的新媒体平台，用户喜爱的标题风格有所不同。为适应不同平台的风格，不妨试试使用 AI。它不仅能快速生成爆款标题，还可以根据不同平台的特征进行改写，帮助创作者提升写作效率。

应该如何用 AI 快速写出符合预期的标题呢？先来看看下面的提问思路。

①**设定角色**。给 AI 一个相关新媒体平台创作者的身份，有利于 AI 快速写出符合预期的爆款标题。

②**提供参考，分析总结**。给 AI "喂养"示范标题，让 AI 分析、总结其共同点。

③**撰写标题**。让 AI 根据这些共同点写出符合新媒体平台（如小红书）特征以及相关领域的爆款标题。这样生成的标题会更加符合实际使用需要。

④**反馈迭代**。如果有你不满意的标题，可以让 AI 进行优化。注意，反馈时尽量给出具体的原因和优化的需求，比如应增加什么细节。

你是一位非常优秀的新媒体文章创作者，接下来我给你发送 [n] 个 [平台名称] 风格的爆款文章标题，请你总结这些标题的共同点，并结合我给的主题写出 [m] 个符合这些共同点的爆款标题。

参考标题如下：

[罗列爆款标题]

请你根据上面标题的共同点，再写 [m] 个 [平台名称] 风格的标题，围绕 [产品或者主题名称推荐] 这个主题。

【案例】关于粉底液推荐的爆款标题

❓ 用户提问

你是一位非常优秀的新媒体文章创作者，接下来我给你发送 10 个小红书风格的爆款笔记标题，请你总结这些标题的共同点，并结合我给的主题写出 10 个符合这些共同点的爆款标题。

参考标题如下：

1. 10 款眼霜大合集！不同年龄、眼周问题怎么选？

2. 回购到"破产"的精华眼霜！眼纹、黑眼圈"大杀器"！

3. 自用测评！ 25 岁抗衰老，无限回购的眼霜

4. 亲测推荐！重度黑眼圈的姐妹一定要试试这个！

5. 跪求别停产！国货之光！对抗干纹和黑眼圈绝了！

（更多标题，略）

请你根据上述标题的共同点，再写 10 个小红书风格的标题，围绕"粉底液推荐"这个主题。

● **AI 的回答**

通过分析参考标题，我总结出小红书爆款标题的 6 大核心公式：

1. 痛点锁定公式（年龄 / 肤质 / 季节限定）

2. 效果震撼公式（"跪求别停产" / "大杀器"等）

3. 合集测评公式（红黑榜 / 大合集 / 避雷指南）

4. 场景解决方案（持妆 12h/ 戴口罩不脱妆）

5. 价格锚定公式（大牌平替 / 上班族）

6. 亲身使用背书（空瓶 / 回购 / 自用测评）

根据参考标题的共同点，围绕"粉底液推荐"主题我创作了以下 10 个标题。

1. 12 款粉底液终极测评！油皮 / 干皮 / 敏感肌照着买就完事！

（数字合集 + 肤质细分 + 行动指令）

2. 自用空瓶记！混油皮的"本命"粉底液

（真实体验 + 肤质定位 + 妆容效果）

3. 跪求别停产！百元国货黑马，把毛孔粗大按在地上摩擦

（情感共鸣 + 价格锚点 + 痛点解决）

4. "早 8 人"速存！3 分钟画出伪素颜的粉底液清单

（人群定位 + 效率需求 + 妆容效果）

5. "沙漠干皮"救星！秋冬爆皮期也能把奶油肌"焊"在脸上

（季节场景 + 肤质痛点 + 妆效可视化）

6. 学生党闭眼入！50 元内"持证上岗"的持妆粉底液大公开

（年轻群体 + 价格锚点 + 权威背书）

7. 高温实测！军训 / 旅游暴汗不脱妆的粉底液 TOP5

（测评对比 + 特殊场景 + 品类排名）

…………

【标题公式拆解】

① 精准人群 + 痛点场景 + 解决方案

② 数字量化 + 品类合集 + 选择指南

③ 情感动词 + 价格对比 + 效果承诺

④ 热门趋势 + 妆容效果 + 效率价值

⑤ 成分背书 + 实测数据 + 风险消除

（以上内容由 DeepSeek-R1 生成，有删改）

可以看出，在给出参考标题之后，AI 生成的标题很符合我们的要求。提供给 AI 的参考标题越多，AI 总结的规律就越精准，生成的标题在该新媒体平台成为爆款的概率就越高。

【案例】沟通书单推荐的爆款标题

❓ 用户提问

你是一位非常优秀的新媒体文章创作者，接下来我给你发送 10 个小红书风格的爆款笔记标题，请你先学习这些标题的共同点，然后结合我给的主题写出 10 个符合这些共同点的爆款标题。

参考标题如下：

1. 10 款眼霜大合集！不同年龄，眼周问题怎么选？

2. 回购到"破产"的精华眼霜！眼纹、黑眼圈"大杀器"！

3. 自用测评！25 岁抗衰老，无限回购的眼霜

4. 亲测推荐！重度黑眼圈的姐妹一定要试试这个！

5. 跪求别停产！国货之光！对抗干纹和黑眼圈绝了！

（更多标题，略）

请你根据上述标题的共同点，再写 10 个小红书风格的标题，围绕"沟通书单推荐"这个主题。

● **AI 的回答**

根据参考标题的共同点，围绕"沟通书单推荐"我创作了如下 10 个小红书风格的标题。

1. 职场社恐自救！读完这 5 本书我突然能跟老板谈加薪了

（痛点场景 + 数量合集 + 效果描述）

2. 跪求所有夫妻收藏！豆瓣 9.2 分沟通圣经，看完它我们七年没吵过架

（情感指令 + 权威背书 + 量化成果）

3. 沟通书单天花板！社恐逆袭成销冠的 6 本神作

（夸张效果 + 职业关联 + 数字量化）

4. 宝妈含泪整理！用 3 本书搞定婆媳沟通 + 育儿难题

（人群定位 + 情感共鸣 + 场景解决方案）

5. 吹爆这本冷门好书！内向者读完拿下 5 个 offer 的沟通秘籍

（猎奇心理 + 人群痛点 + 量化成果）

…………

【标题公式拆解】

① 人群痛点 + 极端场景 + 逆袭成果

② 情感动词 + 权威背书 + 数字量化

③ 认知反差 + 方法论拆解 + 效果承诺

…………

（以上内容由 DeepSeek-R1 生成，有删改）

如果 AI 生成的标题你不满意，可以进行反馈，让 AI 优化。注意，反馈时尽量给出具体的原因和优化的需求，比如需要增加哪些细节，具体例子如下。

? **用户提问**

第 1 个标题的痛点不够具体，请再优化。

如果你已经能够熟练地撰写标题，并且有一套自己的写作标准，也可以使用类似下面的提示词模板，让 AI 根据你的要求输出标题。

爆款标题提示词模板 2

文章的标题是"××××××××××"，请按照以下方式进行改写，使每个标题不超过 22 个字，利用每种方式写一个标题。

1. 对号入座式：加入用户特征标签，让用户产生共鸣。

2. 蹭热点式：结合热点事件或名人话题，吸引用户眼球。

3. 反常识式：突破传统思维，引发用户思考。

4. 自问自答式：用问题引起用户兴趣，提供解决方案。

5. 悬念式：设置悬念引起用户好奇心，吸引用户继续阅读。

6. 场景式：用具体的场景描写让用户产生共鸣。

7. 经验分享式：分享创作者的经历或技巧，满足用户需求。

8. 煽动情绪式：利用情绪引导，吸引用户参与。

9. 强调式：用强势语气强调某个观点或行动，促使用户行动。

【案例】改写标题 "自媒体博主必看的 5 本写作书"

❓ 用户提问

文章的标题是"自媒体博主必看的 5 本写作书"，请按照以下方式进行改写，使每个标题不超过 22 个字，利用每种方式写一个标题。

1. 对号入座式：加入用户特征标签，让用户产生共鸣。

2. 蹭热点式：结合热点事件或名人话题，吸引用户眼球。

3. 反常识式：突破传统思维，引发用户思考。

4. 自问自答式：用问题引起用户兴趣，提供解决方案。

5. 悬念式：设置悬念引起用户好奇心，吸引用户继续阅读。

6. 场景式：用具体的场景描写让用户产生共鸣。

7. 经验分享式：分享创作者的经历或技巧，满足用户需求。

8. 煽动情绪式：利用情绪引导，吸引用户参与。

9. 强调式：用强势语气强调某个观点或行动，促使用户行动。

- **AI 的回答**

以下是按照指定方式改写的标题（每个标题严格控制在 22 字以内）。

1. 对号入座式："涨粉"困难户必读！5 本写作书拯救账号数据

（精准定位数据焦虑人群）

2. 蹭热点式：×××强推！5 本让文案秒变爆文的写作术

（捆绑知识付费顶流 IP）

3. 反常识式：写作好反而"掉粉"？5 本书揭露博主不敢说的真相

（颠覆"文笔至上"认知）

4. 自问自答式：为什么你写不出爆款？5 本书破解流量密码

（直击痛点 + 解决方案闭环）

5. 悬念式：博主私藏的 5 本小众书！平台不想让你知道的写作法

（制造行业内幕联想）

6. 场景式：凌晨 3 点改稿崩溃？5 本书让你 1 小时产出爆文

（深夜创作场景 + 效率承诺）

7. 经验分享式：起号 3 个月变现 10 万元！翻烂的 5 本写作书

（结果导向）

8. 煽动情绪式：写文案写到想退圈？5 本书让你日更不停

（情绪过山车 + 成瘾暗示）

9. 强调式：不看必后悔！5 本写作书让博主收入暴涨 300%

（损失厌恶心理 + 数据冲击）

特殊组合技案例（超出要求备选）

·蹭热点 + 反常识：×××不会说的秘密！5 本让"素人"收获百万粉丝的写作书

·煽动情绪 + 场景：受够憋不出标题？5 本书让你蹲厕所都能写出爆文

（以上内容由 DeepSeek-R1 生成）

AI 分析和学习的速度非常快，通过总结示范标题的特点，生成的标题会更加符合你的需求。所以，想更快得到符合预期的爆款标题，就要给 AI 发送符合标准的示范标题。

注意

1. 在给 AI 提供示范标题时，优先选择符合新媒体平台风格的，已获得高赞、高阅读量的文章的标题。

2. AI 生成的答案不一定最优，还需要创作者进行优化。因此，想写出爆款标题，需要创作者平时多浏览相关平台，掌握各个新媒体平台的标题风格。

2.3 思路大纲：快速梳理思维逻辑

想写好一篇文章，思路清晰的大纲必不可少。大纲写得好，一定程度上保证了文章最后的质量。

很多时候，我们看到一个主题、一个观点或者一个热点，觉得有成为爆款的潜力，想围绕它写篇文章，但是没有成型的想法，这时候就可以借助 AI 生成文章的大纲，这能激发我们产生更多写作的思路和想法，从而为写出爆款文章打下基础。

因为 AI 非常智能，所以大多数情况下我们只需给出文章的主题，AI 即可生成一份初步的大纲，提示词模板如下。

思路大纲的提示词模板 1

请写一份 [平台名称] 文章的大纲，文章主题：[文章主题]。

【案例】微信公众号文章大纲

用户提问

请写一份微信公众号文章的大纲，文章主题：婚姻中，钱和爱哪一个更重要？

AI 的回答

标题方案

《婚姻这道多选题，爱是必选项，钱是加分项》

《婚姻的底层逻辑：没有面包的爱情能走多远？》

一、热点切入：引发读者代入

1. 现象引入

小红书热议话题：婚后发现老公负债 20 万元该离婚吗？

影视剧案例：《消失的她》和《父母爱情》中的婚姻对比

2. 抛出争议点

"当彩礼谈判变成商业博弈，当房贷压力挤占亲密时光，我们是否正在用计算器丈量爱情？"

二、深度剖析：建立辩证思维框架

A. 钱的重要性：婚姻里的刚性需求

经济学视角：诺贝尔奖得主 ×××"婚姻经济学"理论

现实案例：夫妻为了买房，假离婚变真离婚

金句提炼："贫穷不是罪，但匮乏感会放大婚姻的每道裂痕"

B．爱的必要性：婚姻的底层"操作系统"

心理学研究：哈佛大学 75 年追踪证明温暖关系决定幸福感

对照案例：×××和×××的婚姻 vs《隐入尘烟》中的农村夫妻

犀利观点："没有爱的婚姻就像合伙开公司，清算资产只需一纸协议，治愈伤情却要耗尽余生"

C．动态平衡论：婚姻阶段论

…………

三、现象级案例：增强内容传播性

1. 正面典范

×××和×××：婚姻中的平等对话

重庆"火锅夫妻"：摆摊偿还百万元债务，抖音记录相濡以沫日常

2. 反面教材

《三十而已》顾佳举债跻身阔太圈，反致婚姻触礁

四、解决方案：提供实用价值

1. 婚前评估指南

财务"体检表"：双方负债 / 消费观 / 投资偏好测试

情感温度计：见父母、旅行等压力测试

2. 婚姻经营术

建立"情感账户"：每周 5 小时高质量陪伴的 211 法则

财务透明机制：共同账户＋私人基金的 532 分配方案

3. 危机处理锦囊

经济危机：制订 3 年家庭财务复苏计划

情感危机："暂停－复盘－重建"三阶段沟通法

五、升华收尾：制造情感共鸣

1. 金句收束

"婚姻，既要看得见工资卡的数字跳动，也要听得到对方心底的情感潮涌"

2. 互动引导

"你经历过'要爱情还是面包'的抉择吗？欢迎在评论区说出你的故事，点赞前三名赠送《亲密关系》纸质书"

这个框架兼顾情感共鸣与理性分析，既避免片面化结论，又提供实用方法，适合引发转发讨论，建议配合真实用户故事采访增强可信度。

（以上内容由 DeepSeek-R1 生成，有删改）

　　我们给 AI 一个主题，很快就能得到一份完整的大纲，这提升了我们创作的效率。如果大纲中有你觉得不合理或者写作有困难的部分，可以通过反馈让 AI 协助你优化。

　　如果对于撰写的文章有明确的创作需求或者写作风格的要求，可以使用下面这个提示词模板。

思路大纲的提示词模板 2

　　请写一份文章的大纲，文章的相关信息如下。

1. 文章主题：［文章主题］

2. 目标受众：［面向的目标人群］

3. 文章目的：［希望这篇文章对哪些人起到怎样的作用］

4. 文章类型或风格：［文章的类型或风格］

5. 文章长度：［字数的要求］

6. 关键元素：［是否有特别的撰写要求］

【案例】"努力和天赋哪个更重要"大纲

? 用户提问

请写一份文章的大纲，文章的相关信息如下。

1. 文章主题：努力和天赋哪个更重要。

2. 目标受众：职场新人。

3. 文章目的：希望文章能引发职场新人对成长的思考，让他们明白努力的重要性。

4. 文章风格：用故事引入，语言风格平实质朴。

5. 文章长度：1500 字左右，不超过 2000 字。

6. 关键元素：包含故事、名人金句。

● AI 的回答

以下是为您设计的文章思路大纲，围绕"努力与天赋哪个更重要"主题，针对职场新人设计故事化引导与方法论结合的实用型结构。

标题方案

《职场第一课：比天赋更重要的三种努力姿势》《天赋是种子，努力才是浇灌它的水》《入职三年后，我终于明白那些"聪明人"为何输给我》

一、故事引入：制造情感共鸣（200 字）

场景化叙事：

"上周五加班到凌晨 1 点，实习生小林红着眼睛问我：'组长，我是不是不适合干这行？小王看一遍就会的报表公式，我反复错三次……'她的工位上贴着《刻意练习》的读书笔记，电脑边摞着半米高的行业报告。"

抛出核心问题：

"当我们看到同事轻松完成 KPI，客户对别人的方案赞不绝口时，难免怀疑自己——究竟是天赋更重要，还是后天的努力更重要？"

二、认知破局：拆解天赋与努力的真相（300字）

1. 天赋的真相：被高估的"初始值"

科学数据：剑桥大学研究显示，基因对专业成就的影响不超过30%。

职场案例：4A广告公司总监自述"从小被称为绘画神童，却在35岁被非科班出身的下属超越"。

金句引用：勤奋是成功之母，懒惰乃万恶之源。

2. 努力的误区：低效重复不是真努力

对比案例

机械式努力：每天加班3小时却总用旧模板的设计师。

结构化努力：用PDCA法优化流程，半年晋升的管培生。

认知升级：神经科学证明大脑突触可塑性——有效练习改变脑结构。

三、方法论：职场新人可复制的努力策略（400字）

1. 建立"能力坐标系"

横轴：天赋值（语言/逻辑/空间等）自我评估。

纵轴：努力值（每日刻意练习时长 × 有效系数）。

工具：九宫格定位法，明确现阶段主攻方向。

2. 三步打造"复利型努力"

① 精准蓄能：每天聚焦1项核心技能。

② 错位突破：在天赋薄弱区建立"60分防线"（例：沟通能力差者建立标准化应答模板）。

③ 杠杆加速：寻找职场导师/建立"错题本"/加入学习型社群。

3. 关键动作可视化

周计划表：设置"保底努力量"。

正反馈机制：用"技能存折"记录微小进步。

四、榜样力量：普通人的逆袭样本（300字）

案例1：新东方主播自述……

案例2：某程序员分享……

金句：相信"天生适合"这种话，是对人生最大的敷衍。

五、行动指南：写给新人的3个锦囊（200字）

1. 建立"笨鸟先飞"心态：提前30分钟到岗梳理当日任务清单。

2. 设计"最小努力单元"：把大目标拆解为15分钟可完成的动作。

3. 开启"职场镜像实验"：观察优秀同事，分析其工作习惯。

结尾：制造传播点与行动召唤

1. 互动话题：你曾在工作中通过努力战胜"天赋型选手"吗？评论区点赞前3名送《刻意练习》纸质书"。

2. 测试工具：文末附"职场努力值自测二维码"，生成个性化提升方案。

3. 金句：这世界从没有怀才不遇，只有蓄力不足——当你觉得天赋不够时，恰是努力要升级的信号。

该框架通过故事引发共鸣，用科学数据破除认知偏差，提供可操作的方法，符合职场新人追求实用、厌恶说教的心理特征。建议加入真实采访案例增强说服力，保持口语化表达避免术语堆砌。

（以上内容由DeepSeek-R1生成，有删改）

注意

一般，AI提供的大纲在整体结构上会比较全面，但是如果仔细看每一个板块的内容，可能还是过于宽泛，这时创作者可以针对具体的板块要求AI进行细化。

2.4 小红书笔记：提升矩阵号输出能力

创作者在已经掌握小红书内容创作秘诀的情况下，如何利用 AI 更快速地生成一篇合格的小红书笔记，提升小红书矩阵（多个小红书账号）的内容创作效率呢？这是本节要重点解决的问题。

除了标题可以利用 AI 批量生成（参见 2.2 节），小红书笔记内容同样可以。小红书的爆款笔记主要分为 3 类：清单笔记、干货笔记和"种草"笔记。虽然不同笔记类型的提问方式略有不同，但是整体的提问框架是不变的，可以参考下面的框架。

①**设定角色**。为 AI 设定一个相关新媒体平台创作者或者博主的身份，有助于 AI 更加精准地满足你的需求。

②**明确要求**。使用 AI 撰写小红书笔记时，可以限定写作风格和基本要求，这样生成的内容更符合该平台的特征。

③**明确写作框架**。创作者可以构建不同的写作框架，让 AI 按照指定写作框架生成内容。

接下来以小红书干货笔记为例，总结一个利用 AI 创作的提示词模板。

小红书干货笔记提示词模板

你是小红书上具有 [某个领域专业能力] 的专业型博主，需要向关注你的用户分享实用的 [领域或者技能] 干货内容，笔记内容的要求如下。

1. 笔记第一段直接点明主题，突出这篇笔记的价值。

2. 介绍 [领域或者技能] 的一个非常重要的技巧——[主要干货知识]，并用 [写作结构] 的结构来写。

3. 用丰富的表情符号增加内容的可读性。

4. 引导用户互动、查看往期笔记或关注即将更新的笔记。

5. 在笔记的最后加上合适的标签，标签的格式是 # [标签名称]。

【案例】小红书干货笔记："新手演讲如何不怯场"

❷ 用户提问

你是小红书上具有演讲能力的专业型博主，需要向关注你的用户分享实用的演讲干货内容，笔记内容的要求如下。

1. 笔记第一段直接点明主题，突出这篇笔记的价值。

2. 介绍一个非常重要的技巧——新手演讲如何不怯场，并用 why（为什么）—what（是什么）—how（怎么做）的结构来写。

3. 用丰富的表情符号增加内容的可读性。

4. 引导用户互动、查看往期笔记或关注即将更新的笔记。

5. 在笔记的最后加上合适的标签，标签的格式是 #[标签名称]。

● AI 的回答

✏️🎇 新手演讲不怯场的终极秘诀！学会这招，紧张新手变自信大咖，瞬间点燃全场气氛！🎇（文末附练习方法 + 往期干货指路 👇）

💡why：为什么你总在台上发抖？

😨 大脑在陌生环境会本能触发"战斗或逃跑"反应！但 99% 的人不知道——掌控身体语言能反向欺骗大脑，把恐惧能量转化为超强表现力！🔥

🎯what：身体语言主导法

🚀 用"动作锚定"替代"心理建设"，新手也能像 TED 演讲者一样气场全开！哈佛大学相关研究发现：保持开放的、强势的姿势 2 分钟，皮质醇下降 25%，睾酮素上升 20%👩🔔

✨how：三步实操

① 上台前"神奇 5 分钟"

👉 躲进洗手间做"超人姿势"：双手叉腰抬头挺胸，深呼吸 3 次（激活自信 👌）

☞ 对着镜子说："我的内容超有价值！"（😵 动 + 👂 听 = 双重心理暗示）

② 眼神锁定技术

👀 扫视全场时盯住 5 个"点头天使"——找面带微笑的听众，每次对视 3 秒（像和朋友聊天一样自然）

③ 手势能量释放法

🤲 每讲重点就张开手掌做"包容手势"，紧张时手握笔 / 翻页器（给手指找个"家"，避免发抖尴尬）

✅ **进阶技巧**

◇ 用身体记忆：提前到现场坐在演讲位，放松身心，获得安全感（💡 空间锚点效应）

◇ 带个"幸运物"：钢笔 / 特殊首饰，摸到就像开启战斗模式（⚡ 心理触发器）

🗨 划重点：演讲不是消除紧张，而是把颤抖转化成能量！现在就对着空气练习"张开手掌"动作，评论区告诉我你的困惑～

☞🗨 往期干货："3 个让声音更有磁性的技巧""PPT 演讲避雷指南"

🌧 追更预告：下期揭秘"即兴演讲万能公式"！

演讲技巧 # # 克服紧张 # # 身体语言 # # 职场沟通 # # 自信表达 # # 成长干货

（以上内容由 DeepSeek-R1 生成）

用一些逻辑框架进行写作，再限定小红书笔记的标准，就很容易生成既符合小红书爆款笔记特征，又符合博主专业形象的内容。

当然，在小红书上更多的内容创作者是围绕特定产品输出"种草"笔记，那么这类创作者就可以用到下面这个提示词模板。

小红书"种草"笔记提示词模板

你是小红书"种草"博主，请为［产品名称］写一篇"种草"笔记，要求如下。

笔记标题：［标题］

1. **内容框架**：痛点代入［产品面向人群的痛点］—给出解决方案—总结亲身体验—呼吁购买。

2. **关键内容植入**：产品卖点［该产品的卖点关键词］、目标人群［该产品主要面向的人群］、使用场景［该人群主要使用产品的场景］、亲身体验。

3. 多使用可爱的表情符号，多用空行。

4. 笔记最后加标签，标签的格式是 #［标签名称］。

5. 整篇笔记不需要加框架小标题，需要自然衔接。

【案例】小红书眼霜"种草"笔记

❓ 用户提问

你是小红书"种草"博主，请为熊猫眼霜写一篇"种草"笔记，要求如下。

笔记标题：熬夜加班也不怕！这款眼霜让你拥有明亮双眼！

1. 内容框架：黑眼圈显老，影响自信，影响工作效率，影响社交—给出解决方案—总结亲身体验—呼吁购买。

2. 关键内容植入：产品卖点（对抗黑眼圈，养护双眸），目标人群（职场人），使用场景（职场人熬夜加班）—亲身体验。

3. 多使用可爱的表情符号，多用空行。

4. 笔记最后加标签，标签的格式是 #"标签名称"。

5. 整篇笔记不需要加框架小标题，需要自然衔接。

🍱🌙 熬夜人的痛谁懂啊！连续加班一周后照镜子——眼袋快垂到下巴，青黑的眼圈像被揍过，遮瑕膏涂三层都盖不住，同事小心翼翼问"你昨晚又通宵？"👀✖

💡 最扎心的是见客户时，对方总盯着我眼睛看！散会后才发现，😭 眼周干到卡粉，黑眼圈显憔悴，被老板质疑"状态不佳"……

✨ 直到我遇到了它——熊猫眼克星"熊猫眼霜"！咖啡因＋烟酰胺＋冰川水三管齐下，本熬夜战士亲测：涂完眼周肌肤"喝饱水"！自带鎏金按摩头，边追剧边滚两圈，黑眼圈退散，心情变美丽！ 🍫

❋ 真实测评来啦

☑Day1：冰镇滚珠触碰眼周肌肤那刻，灵魂都升华了！浮肿消下去，人又变美了~

☑Day3：遮瑕膏用量减半！同事惊呼"你最近睡得很好？"

☑Day7：素颜开腾讯会议，不用怕了！眼周细纹像被熨斗烫过，笑起来也没有"蜘蛛网"！ 👩💻

📢 熬夜党听好！这个眼霜的质地就像融化的丝绸，5 秒吸收不黏腻！放公司抽屉里，写 PPT 烦躁时拿出来滚一滚，瞬间给眼睛灌满氧气~ 👩💻➡👩

💧 现在买还送限定款熊猫发带 +10 片眼膜！链接给你们挂好了，就说哪个熬夜党能忍住不冲？！ 👇

熬夜救星 ## 黑眼圈克星 ## 职场护肤 ## 眼霜推荐 ## 打工人必备

（以上内容由 DeepSeek-R1 生成）

2.5 公众号文章：激发读者认同感

在新媒体时代，公众号文章已成为传播思想、表达观点的重要载体，而撰写公众号文章不仅要有清晰的观点，还要具备良好的表达能力。

如何借助 AI 更高效地完成公众号文章创作，实现与读者的深度互动，获得读者认同，提升创作者在新媒体领域的影响力？在已知文章主题的情况下，可以通过下面这个提示词模板来让 AI 创作一篇公众号文章。

撰写公众号文章提示词模板

请围绕 [主题] 这个主题撰写一篇公众号文章，相关信息及要求如下。

1. 文章观点：[你想表达的观点]

2. 文章结构：[按照怎样的结构撰写]

3. 文章风格：[文字风格]

4. 目标受众：[面向的人群]

5. 字数限制：[整篇文章在多少字以内]

【案例】公众号文章："婚姻中，钱和爱哪一个更重要？"

? 用户提问

请围绕"婚姻中，钱和爱哪一个更重要？"这个主题撰写一篇公众号文章，相关信息及要求如下。

1. 文章观点：希望文章在观点上保持中立，让读者自己做出判断，并积极参与对文章的讨论。

2. 文章结构：采取"总分总"的结构，先对比分析钱的重要性与爱的重要性，再结合文章观点进行总结，引发读者思考和讨论，表达读者自己的观点。

3. 文章风格：风格偏正式一些，加入一些幽默轻松的元素。

4. 目标受众：针对即将结婚和已婚的人群，女性为主。

5. 字数限制：文章篇幅在 1500 字以内。

● AI 的回答

【标题】婚姻这道多选题，你选 A 还是 B？

【导语】

闺蜜小雅最近为婚礼预算和未婚夫争执不下，她坚持要海岛婚礼的浪漫，他主张把钱留给婚房首付。两人在群里争论时，有人发出灵魂拷问："婚姻里，钱和爱到底哪个更重要？"

——好问题。答案可能藏在你的购物车里，也可能藏在午夜相拥的体温里。

一、钱是婚姻的"硬通货"，但别让它当"霸道总裁"

1. 经济基础决定了婚姻防塌方工程的质量

有人调侃："结婚前谈钱伤感情，结婚后不谈钱伤肾。"房贷、育儿费、父母赡养金……这些数字可比偶像剧里的"壁咚"实在得多。一位二胎妈妈曾自嘲："爱情让我想生娃，工资卡余额让我想冷静。"

钱不是万能的，但能让婚姻少一些"贫贱夫妻百事哀"的剧本。毕竟，当孩子深夜高烧时，账户里充足的余额总比凌晨四处借钱的窘迫少几分心酸。

2. 钱是抗风险的底气，也是矛盾的缓冲区

朋友阿琳和丈夫约定每月存一笔"闭嘴基金"：谁在争吵中先翻旧账，谁就往基金里存钱。结果一年下来，基金里的钱全用来吃火锅了。"能用钱解决的矛盾，千万别消耗感情。"她总结道。

当然，如果婚姻成了"股东分红大会"……

3. 钱的隐藏任务：培养"队友默契值"

见过一对程序员夫妻，用 Excel 表格管理家庭开支……

千万别让账本变成《甄嬛传》，你算计我的公积金，我质疑你的奶茶消费。

二、爱是婚姻的"永久会员"，但小心别让它"裸奔"

1. 荷尔蒙会"过期"，但亲密感能"续费"

同事王姐结婚十年，手机屏保仍是丈夫的丑照……

好的婚姻里，爱不是持续燃烧的烈火，而是随时能点燃的炭火。可能是他凌晨三点递来的温水，也可能是她对着你新长的肚腩说："手感挺好，像撸猫。"

2. 爱是矛盾溶解剂，专治"人间不值得"

网友 @ 柠檬不甜 分享过名场面：她和丈夫因为谁倒垃圾大吵，结果他突然模仿垃圾袋扭秧歌，气得她笑到忘了要说啥。

你看，再精明的财务规划也抵不过一个沙雕表情。当生活甩来一地鸡毛时，爱能让你笑着把它扎成鸡毛掸子。

3. 没有精神共鸣，婚姻容易"系统崩溃"

一位离婚律师提到过典型案例：夫妻年入百万元，却因为"他看《甄嬛传》只会问'这皇帝咋还没驾崩'"而离婚。

钱能买来双人床，但买不到夜聊时的星光；能刷爆黑卡，但刷不出"你懂我的奇怪"的默契。

三、成年人的选择题，答案可能是"我全都要"

某婚恋调查报告显示：76% 的女性认为"钱和爱必须至少占一样"，而 19% 的勇士表示"我既要他上交工资卡，又要他给我写情书"——当代婚姻的终极难题，大概在于我们既想当公主，又不得不当会计。

婚姻的满分答案或许是：

用钱搭建避风港，用爱点亮航行灯；

让银行卡中的数字和晚安吻的次数同步增长；

接受"今天吃土攒首付，明天偷闲买花戴"的动态平衡。

毕竟，婚姻这场无限游戏里，钱和爱根本不是对手，而是需要组队打怪的队友。

【互动彩蛋】

评论区等你来辩：

> 1. 你家的"婚姻账户"里，存款和情话哪个余额更多？

> 2. 假如必须舍弃一样，你会选"富到流泪但无爱"还是"穷得吃土但甜蜜"？

（偷偷说：选不出来的朋友，建议转发给另一半并配文："请自觉提高双商，谢谢。"）

（以上内容由 DeepSeek-R1 生成，有删改）

AI 撰写公众号文章的速度非常快，且完成度也比较高。如果一些故事或者案例比较单薄，可以针对这部分内容使用下面的提示词模板进行优化。

【案例】优化并扩写文章

❓ 用户提问

请优化并扩写这段内容，使其更有吸引力和说服力，同时保持其接地气的表达，让读者更有代入感。

在进行扩写时，希望你能在原有内容的基础上添加更多的细节，让内容更有说服力。

原内容：离婚律师提到这样一个案例：夫妻年入百万元，却因为"他看《甄嬛传》只会问'这皇帝咋还没驾崩'"而离婚。钱能买来双人床，但买不到夜聊时的星光；能刷爆黑卡，但刷不出"你懂我的奇怪"的默契。

● AI 的回答

【优化扩写版】

"你知道吗？最贵的离婚理由往往最便宜。"

好友薇薇上周末喝奶茶时突然蹦出这句话。她刚处理完一桩让全办公室唏嘘的案子：一对互联网高管夫妻，年薪加起来逼近七位数，最终离婚协议上的分手理由写着——"无法忍受对方在看《甄嬛传》时说'这皇帝咋还没驾崩'"。

看上去幸福的婚姻，因为一盘车厘子而终结

委托人林悦（化名）在咨询室掏出手机给我们看"罪证"：某天她加班到凌晨，发现丈夫把车厘子全吃了，只给她留了一个苹果。"他说'反正你减肥'，可我气的不是他把水果全吃了，而是他永远觉得我的情绪不值得被认真对待。"

这对夫妻的聊天记录像极了商务邮件——

丈夫："买房的首付已转账"

林悦："今天被甲方骂了三个小时"

丈夫："早点睡，明天给你订燕窝"

——他永远在解决问题，却始终看不见那个缩在会议室哭到脱妆的她。

当双人床变成"会议室谈判桌"

他们的豪宅里有柔软的沙发，但两人上一次拥抱还是半年前电梯停电时的被迫意外依偎；他们能随时出国旅游，可蜜月旅行时丈夫在巴黎铁塔下接工作电话的阴影，让林悦至今听见微信提示音就胃疼。

最致命的是那个《甄嬛传》之夜。林悦窝在沙发重温经典剧情，丈夫瞥了眼屏幕突然乐了："这皇帝活得比我们公司投资人还久哈？"她瞬间如坠冰窟——十年前他们挤在出租屋看《步步惊心》时，他会陪她分析若曦每个眼神；而现在，他连她最爱的角色叫"甄嬛"都不知道。

婚姻里的"破产清算"

薇薇律师翻着他们的共同财产清单直摇头："他们连扫地机器人都买的是顶配款，但精神账户早就透支了。"

钱能买来300支口红，但买不到她试色时他抬头说一句"这个显白"；

能预订米其林餐厅周年纪念餐，但补不全第一次约会时她穿着帆布鞋跌进他怀里的青涩记忆；

能雇金牌月嫂带娃，却买不来深夜喂奶时丈夫的肩膀。

当代婚姻的"奢侈品悖论"

我们总在婚礼上宣誓"无论贫穷富贵"，却很少意识到：

有些"贫穷"是银行卡余额的警告，而更隐秘的"贫穷"是——

当你说"今晚月色真美"，他却在算这个月的房贷；

当你指着晚霞说"像打翻的眼影盘"，他严肃纠正"这是层积云"；

当你用《甄嬛传》里的"逆风如解意"暗示不开心，他百度完回复："这诗是唐代崔道融写的，对吧？"

【金句收尾】

"婚姻就像开合资公司，钱是注册资本，爱是现金流。怕的不是账面亏损，而是明明在盈利，你却发现自己成了他 PPT 里的'其他应收款'。"

——你看，再贵的真丝床单，也经不起两颗心的静电摩擦。

（以上内容由 DeepSeek-R1 生成，有删改）

经过扩写后的内容可以更好地对原文进行补充。如果文章缺乏案例，还可以用这个提示词模板让 AI 帮你进行编写，从而让文章更具有说服力。

> **注意**
>
> 公众号文章通常篇幅较长，用 AI 写文章时一次性完稿并且写得很符合要求的概率较小。这时，最好分段优化，为不同段落生成最优的内容。

2.6　知乎回答：成为高赞答主

知乎已成为人们获取知识、分享见解的重要平台。知乎用户大多是带着具体问题有目的地阅读，对于创作者来说，通过优质内容吸引到的用户会更加精准，也更有利于后期对用户进行转化。

对于一些新手创作者来说，创作专业的内容需要具备丰富的知识、深刻的见解，确实存在一定的困难，但借助 AI，迅速撰写出具有深度与独特观点的知乎高赞回答不再是难事。

知乎上比较受欢迎的问答类型是问答体、故事体和清单体。

接下来以清单体为例，知乎高赞回答提示词模板如下。

知乎高赞回答提示词模板（清单体）

你是知乎［知乎答主领域］领域的高赞答主，请你用知乎的回答风格，清单体的回答形式，以［个人］的口吻，撰写这个人气问题的高赞回答。

问题：［具体问题］

【案例】知乎回答："你最庆幸自己读过什么书？"

❓ 用户提问

你是知乎读书领域的高赞答主，请你用知乎的回答风格，清单体的回答形式，以个人的口吻，撰写这个人气问题的高赞回答。

问题：你最庆幸自己读过什么书？

● **AI 的回答**

颠覆我人生轨迹的 10 本"觉醒之书"：后悔没在 20 岁前读完

作为日均阅读 4 小时、图书测评获赞 56 万的读书博主，这 10 本书像手术刀般剖开我的认知盲区，在事业、情感和认知层面给我带来核爆级改变。

一、思维重塑类（避开 90% 的认知陷阱）

1.《思考，快与慢》丹尼尔·卡尼曼

→ 诺贝尔经济学奖得主揭示：人脑存在"自动驾驶"和"手动驾驶"双系统

→ 应用场景：让我改掉了"拍脑袋决策"的习惯，用概率思维做重大选择

→ 关键收获：识别锚定效应 / 幸存者偏差 / 框架效应等 12 种思维陷阱

2.《穷查理宝典》查理·芒格

→ 百岁智者的"多元思维模型"实战指南

→ 逆向思考精髓：比起成功学，更该建立"失败清单"

→ 职场启示：掌握"能力圈"理论后，薪资 3 年涨了 200%

二、认知破局类（突破信息茧房）

1.《人类简史》尤瓦尔·赫拉利

→ 刷新三观的认知革命：虚构故事才是人类统治地球的终极武器

→ 现实启示：用祖先的生存智慧，解决今天的困惑与迷茫

→ 延伸思考：大数据时代如何避免沦为"无用阶层"

2.《原则》瑞·达利欧

→ 华尔街投资大神的人生算法

→ 职场跃迁工具：五步流程法让我在跨行业跳槽时涨薪 70%

→ 团队管理圣经：极度透明 + 可信度加权决策法

三、财富觉醒类（建立经济免疫力）

1.《纳瓦尔宝典》埃里克·乔根森

→ 硅谷投资教父的"杠杆致富论"

→ 实操指南：用"个人商业模式画布"找到第二增长曲线

→ 反常识认知：时薪思维比年薪思维重要 10 倍

2.《贫穷的本质：我们为什么摆脱不了贫穷》阿比吉特·班纳吉

→ 诺贝尔经济学奖得主深入五大洲多个国家展开的"田野调查"

→ 破除认知误区：穷人真正稀缺的不是金钱，而是"带宽"

→ 理财启示：警惕"贫穷陷阱"的 5 个消费黑洞

四、心灵重塑类（走出精神内耗）

1.《被讨厌的勇气》岸见一郎

→ 阿德勒心理学实战手册

…………

这份书单的共同特点：用认知迭代对冲时代的不确定性。每本书都像安装了进度条，读完后能清晰感知自己的思维系统在"版本升级"。

那些让我在知乎获赞 10 万的深度书评，底层逻辑都源自这些书的思维框架。点击"追更"解锁"认知跃迁书单 2.0"，下一期揭秘如何用主题阅读法 1 年读完 100 本经典。

（以上内容由 DeepSeek-R1 生成，有删改）

注意

知乎的高赞回答与其他新媒体平台的文章有所不同。知乎以用户主动提问为主，所以想写出一个高赞回答的前提是需要选择一个具有人气的问题，这样回答才更可能被用户看到。创作者可以在知乎的人气问题板块筛选有高赞潜力的问题。

针对高赞问题，除了用清单体来撰写回答，还可以用知乎答主们

非常喜欢的故事体来撰写回答，==用故事代入会更好地调动用户阅读的==
==兴趣==。可以使用下面这个提示词模板来提问。

> **知乎高赞回答提示词模板（故事体）**
>
> 你是知乎 [知乎答主的领域] 领域的高赞答主，请你用知乎的回答风格、==故事体的回答形式==，以个人的口吻，撰写这个人气问题的高赞回答。
>
> 问题：[具体问题]
>
> 要求：开头用自己或者身边人亲身经历的故事引入，==故事情节需要==
> ==有真实感，有细节，不是泛泛而谈==。

【案例】知乎回答："为什么小公司留不住人？"

❓ 用户提问

你是知乎职场领域的高赞答主，请你用知乎的回答风格，故事体的回答形式，以个人的口吻，撰写这个人气问题的高赞回答。

问题：为什么小公司留不住人？

要求：开头用自己或者身边人亲身经历的故事引入，故事情节需要有真实感，有细节，不是泛泛而谈。

● AI 的回答

标题：前公司 3 年逼走 21 个员工，直到前老板在烧烤店崩溃大哭，我才看懂小公司作死的 8 个套路

一、老板的承诺像啤酒的泡沫（2019 年冬）

我至今记得发小王磊抱着纸箱站在 CBD 霓虹里的样子，羽绒服上沾着

前台小妹送给他的离职蛋糕的奶油。他所在的创业公司年初时拿到天使轮投资，在团建吃火锅时老板宣布："明年带大家去北海道滑雪！"6个月后公司现金流吃紧……年底时行政小妹怯生生问起年会，老板拍桌子："就知道吃喝玩乐！知道现在公司多难吗？"

二、消失的下午茶与膨胀的"饼"（现实细节篇）

前同事琳达的辞职信写着："您说公司是家，但谁家妈妈会克扣孩子口粮？"起因是行政用从拼多多9.9元买的饼干替代了现切果盘，而老板刚提了保时捷。更魔幻的是，当月工资条出现"愿景激励金"扣款——美其名曰"共同成长投资"。

三、家族企业的乱象（管理混乱现场）

财务总监是老板娘的表妹，每天午休在办公室直播带货；技术主管大专学历的侄子领着全薪，实际工作是给老板斗地主账号代练。最荒唐的是某次产品事故追责，老板娘和二股东在会议室互相"甩锅"，员工集体带薪观摩现实版的《宫心计》。

四、弹性工作制的真相（反人性时刻）

实习生小杨在转正述职时展示了一串触目惊心的数字：入职89天，23:00后下班67次，凌晨接到工作微信41条。而他的工位贴着老板手书："年轻人别怕吃苦……"

五、画地为牢的晋升通道（职业发展困境）

985毕业的运营主管曾偷偷给我看他的OKR：

①辅导老板孩子功课；

②替老板娘遛泰迪犬；

③凌晨4点接机。

他指着工牌自嘲说："你看我像不像欢乐谷的临时工？"

六、消失的边界感（私域流量剥削）

行政规定全员必须在朋友圈转发公司的广告。某天设计总监发朋友圈时忘记分组，把"奋斗者专属"海报误发到有丈母娘的分组，收获了"被传销了？"的灵魂拷问。更绝的是春节假期强制要求员工拍摄"家宴植入视频"，连 80 岁的奶奶都要举着产品说祝福语。

七、薛定谔的涨薪（薪酬体系玄学）

2020 年全员降薪，却出现神秘新同事开着玛莎拉蒂上班；2021 年营收创新高，老板在泰国度假，而年终奖是每人一箱临期酸奶——财务的原话是："过期前能喝完，这叫减少食物浪费。"

八、觉醒者的逃离（压垮骆驼的稻草）

真正让我毛骨悚然的，是上个月在烧烤店偶遇前老板。他醉醺醺拽着我哭诉："现在的 95 后真难管！"而桌上摆着员工名单：考研"上岸"4人，考公成功 3 人，跳槽后升职 9 人，还有 5 个自己当了老板。

后记：

就在昨天，前台小妹给我发消息："哥，我终于离职了！"配图是她新工位的咖啡机和升降桌。而前老板的朋友圈更新着"招贤纳士"海报，要求格外醒目："希望你有创业者心态，不要计较短期得失"。

（以上内容由 DeepSeek-R1 生成，有删改）

当我们使用这个提示词模板的时候，可以很直观地感受到 AI 写作的口吻和风格发生了变化，它把知识点与故事结合在一起，使内容更具可读性。

2.7 短视频脚本：批量打造爆款短视频

越来越多的用户喜欢浏览短视频，短视频已逐步成为吸引用户关注的主要方式，短视频创作技能已经成为衡量新媒体从业者竞争力的关键标准。

短视频制作涉及脚本创作、拍摄、剪辑等多个环节，其中脚本创作尤为关键。以往创作一个短视频脚本可能需要一天的时间，现在用 AI 可以非常轻松地写出引人入胜的开篇、节奏紧凑的叙事线和令人难忘的结尾，提升短视频的吸引力和传播力。

如何借助 AI 深度挖掘话题，找到切入点，从而打造爆款短视频呢？可以参考以下内容。

目前比较火的短视频主要是两种类型，一种是知识类短视频，另外一种是剧情类短视频。

一、知识类短视频

知识类短视频口播脚本的创作流程如下。

①**设定角色**。短视频口播脚本通常篇幅较短，通过让 AI 学习的方式能快速满足创作者的内容输出需求，在此之前为 AI 赋予相关专业身份，可使其更有效地进行学习。

②**提供案例**。提供短视频的口播脚本给 AI，让它进行学习。

③**分析总结**。提供单一案例时，AI 会对单个案例进行分析；这时如果提供多个案例，可以让 AI 进行一次汇总性的分析。

④**提供主题**。当 AI 掌握了爆款口播脚本的特点之后，可以给它明确的主题，让它按照以上总结的特点撰写口播脚本。

⑤**反馈迭代**。将脚本中存在的问题反馈给 AI 让其进行修改，从

而生成更加优质的脚本。

以上 5 步是写短视频口播脚本的总体思路。在和 AI 对话时，可以用下面的提示词模板让它拆解口播脚本。

拆解短视频口播脚本的提示词模板

你是 [扮演的角色]，请你创作一个短视频口播脚本。在这之前，我会给你一些爆款的口播脚本，请你学习并总结这些口播脚本的共同点。

短视频口播脚本内容如下：

[要给 AI 参考的短视频口播脚本内容]

请你总结上面这些口播脚本的特点，以便后续写口播脚本时进行参考。

【案例】亲子教育短视频口播脚本拆解

❓ 用户提问

你是资深的短视频编导，请你创作一个短视频口播脚本。在这之前，我会给你一个爆款的口播脚本，请你学习并总结这个口播脚本的特点。

短视频口播脚本内容如下。

三句话让孩子主动对你敞开心扉！

你每天说的这句话正在毁掉孩子的安全感！

中国青少年研究中心数据显示：67% 的青春期孩子拒绝与父母深度沟通，而根源早在童年就已埋下。

家中有 3~12 岁孩子的家长注意了！这个阶段不建立沟通密码，等孩子的房门对你紧闭时就晚了。

错误的沟通正在制造隐形伤害！要么养出讨好型人格，要么变成叛逆"刺猬"。

黄金沟通法则：说观察不说评价，问感受不问对错，给选择不给命令。

点 ♡ 收藏这份沟通指南，下周同一时间教大家化解冲突的 3 个魔法句式。我是家庭教育指导师 ××，让爱说话。

请你总结上面这个口播脚本的特点，以便后续写口播脚本时进行参考。

● **AI 的回答**

根据你提供的家庭教育类爆款口播脚本，提炼出以下创作方法。

黄金七步结构拆解

1. **标题公式：数字 + 结果导向 + 悬念**

‣ "三句话让孩子主动对你敞开心扉"（突出具体成果）

‣ 将核心价值数字化，结果动词化（如"敞开心扉"比"优秀"更具象）

2. **警示性"钩子"（3 秒必杀技）**

‣ 痛点具象化："你每天说的这句话正在毁掉孩子的安全感！"

‣ 从给孩子带来的伤害切入，这样让家长有更强的危机感

3. **数据 + 权威背书**

‣ 机构背书："中国青少年研究中心数据显示"

‣ 数据双杀："67% 的青春期孩子拒绝沟通"（现状）+ "根源早在童年就已埋下"（归因），构成逻辑闭环

4. **精准人群定位**

‣ 年龄定位："3~12 岁孩子的家长"划定精准用户画像

‣ 危机预言："等孩子的房门对你紧闭就晚了"（制造时效紧迫性）

5. 恐惧唤醒策略

‣ 后果双选项：讨好型人格（用心理学专业术语增强专业感）/ 叛逆"刺猬"（降低用户理解成本）

6. 黄金法则提炼

‣ 三组对照式短句：

"说观察不说评价"（方法）

"问感受不问对错"（态度）

"给选择不给命令"（技巧）

‣ 采用"动词 + 反义词"的结构，节奏感强

…………

语言兵器库

1. 数据化表达

‣ 用"67%"等精确数据替代模糊表述（如"很多学生"）

2. 对比句式

‣ "要么……要么……"

‣ "不建立……就晚了"

3. 专业术语降维

‣ "沟通密码"（替代专业术语"沟通机制"）

‣ "魔法句式"（将方法神秘化）

4. 痛点具象化

‣ "房门对你紧闭"比"不愿沟通"更具有画面感

‣ "隐形伤害"让家长警觉起来

特点总结

1. 危机等级提升：从"帮助成长"进阶到"防止灾难"。

2. 逻辑链条强化：现状数据→归因分析→解决方案。

3. 专业形象塑造：机构数据 + 专业术语 + 持续内容输出。

（以上内容由 DeepSeek-R1 生成，有删改）

可以看到使用这套提示词提问，AI 可以快速拆解短视频口播脚本，学习优秀的写法。此时可以用下面的提问词，让 AI 根据总结的特点撰写口播脚本。

❓ 用户提问

请你按照以上爆款短视频口播脚本的特点，围绕"如何避免孩子形成讨好型人格"创作一个短视频口播脚本。

● AI 的回答

三句话让孩子告别讨好型人格

【0-3 秒 悬念"钩子"】（突然靠近镜头压低声音）

"你正在用温柔的话语培养讨好型人格的孩子！"（配合手势）

【4-7 秒 数据展示问题】（切到实验室报告画面）

"研究表明，长期被夸'你真乖'的孩子，63% 会养成取悦型心理模式"（红色警示框弹出数据）

【8-12 秒 痛点场景化】（漫画分镜：孩子在校被抢玩具不敢反抗）

"当孩子说'妈妈，小明抢我东西'，90% 家长的第一反应是你可以玩别的玩具！"（碎裂音效＋字幕炸开）

【13-18 秒 黄金法则】（专家形象＋动态字幕条）

家庭教育指导师私藏话术

① 说感受不说乖巧——用"妈妈看到你很委屈"代替"你要分享才乖"

② 给"盾牌"不给"枷锁"——用"你可以拒绝"替代"要听老师话"

③ 种"勇气"不种"服从"——用"你的想法很重要"代替"真懂事"

（每句话术配孩子绽放笑容的画面）

【19-23 秒 危害预言】（对比画面：讨好型的孩子 vs 自信的孩子十年后）

"现在不种下勇气的种子，等孩子被人欺负还要道歉就晚了！"（钟

表飞速转动的音效）

【24-28 秒 行动指令】（镜头拉近＋手指敲屏幕）

"点 ♡ 截屏保存这份勇气指南，明天更新【3 个魔法回应：当孩子被欺负时】"（浮现动态收藏图标）

【29-30 秒 专业形象强调】（金底黑字定格）

"培养内心强大的孩子——家庭教育指导师 ××"

（同步出现个人 IP 账号悬浮框）

在符合爆款口播脚本特点的基础上，让 AI 生成口播脚本，得到的内容稍加修改即可使用，完成度非常高。如果对其中个别细节不满意，可以和 AI 进行对话，提出要修改的地方，让 AI 进行优化。

二、剧情类短视频

再来看看如何用 AI 创作剧情类短视频脚本。

剧情类短视频脚本提示词模板

你是［平台名称］有名的短视频博主，请根据以下短视频信息创作具有吸引力的剧情类短视频脚本。

1. 视频主题：［主题名称］

2. 目标受众：［目标人群］

3. 视频目的：［视频内容的目的］

4. 视频时长：［时长］

5. 视频风格：［想要的视频风格类型］

请用表格的形式展示以上脚本内容。

【案例】亲子教育剧情类短视频脚本

❓ 用户提问

你是抖音有名的短视频博主，请根据以下短视频信息创作具有吸引力的剧情类短视频脚本。

1. 视频主题：关于亲子教育，如何避免孩子形成讨好型人格。

2. 目标受众：目标人群是 6~15 岁孩子的家长。

3. 视频目的：让家长意识到孩子形成讨好型人格的危害，以及如何鉴别和避免孩子形成讨好型人格。

4. 视频时长：1 分钟。

5. 视频风格：情景剧和知识讲解相结合的形式。

请用表格的形式展示以上脚本内容。

● AI 的回答

时间段	内容描述	画面描述	旁白 / 对话
0—4 秒	开场	温馨的家庭环境，父母与孩子共进晚餐，孩子小心翼翼地看着父母脸色说话	【轻快的背景音乐】旁白：每个家庭都有爱的故事，但爱的方式你选对了吗？
5—10 秒	引入问题	场景切换至学校，孩子与同学互动时显得过分谦让，甚至放弃自己的意见	【画面稍带凝重色彩】旁白：你是否注意到，孩子总是委屈自己，迎合他人？
11—20 秒	定义讨好型人格	插入动画，展示讨好型人格的简单定义和特征	【动画配音】具有讨好型人格的孩子总是过分在意他人感受，忽略自己。这样的孩子容易失去自我

时间段	内容描述	画面描述	旁白／对话
21—30秒	危害展示	几个快速切换的场景：孩子因不敢拒绝而积压负面情绪，逐渐失去自信	旁白：长此以往，孩子可能变得自卑、焦虑，甚至影响未来的社交和职业发展
31—40秒	鉴别方法	家庭场景重现，父母细心观察孩子的行为细节，如频繁道歉、不敢表达需求等	旁白：观察孩子是否经常说"对不起"，即使不是他的错；是否总是放弃自己的选择
41—55秒	避免策略	1. 父母示范健康沟通（画面：父母平等对话，尊重彼此意见）。2. 鼓励孩子表达感受（画面：孩子勇敢说出自己的想法，父母给予正面反馈）。3. 培养自信心（画面：孩子参与活动，展示成果，获得成就感）	旁白：首先，我们要成为孩子的榜样，学会说"不"。鼓励孩子表达真实感受，给孩子无条件的爱与支持。最重要的是，培养孩子的自信心，让他知道，自己的价值不取决于他人的认可
56—60秒	结尾呼吁	全家福照片，父母与孩子拥抱，笑容满面	旁白：爱，是让孩子成为更好的自己，而不是成为他人眼中的完美小孩。让我们一起守护孩子健康成长吧
【背景音乐渐弱，视频结束】			

（以上内容由DeepSeek-R1生成，有删改）

　　剧情类短视频脚本创作范围较广，如果给定的信息较少，AI创作的脚本可能存在很多的不合理性。所以，如果想创作这类短视频脚本，建议给AI提供更全面的信息。

2.8 豆瓣书评：快速发掘一本书的魅力

如今书评已成为图书推广与传播的关键元素。能够快速写出一篇好的书评也成了很多自媒体博主的必备能力。

要写出好的书评，创作者需要深刻把握图书内容，同时具备独特的见解和扎实的文字功底，这对创作者在时间和阅历上都有较高要求。借助 AI，创作者可以高效地完成书评创作，快速挖掘图书价值。来看看下面这个提示词模板。

> **豆瓣书评提示词模板 1**
>
> 你是**专业的书评人**，我给你发一本书的信息，请你对这本书做出专业的评价。
>
> 书名：[书名]
>
> 作者：[作者名字]

【案例】《纳瓦尔宝典》豆瓣书评

? 用户提问

你是专业的书评人，我给你发一本书的信息，请你对这本书做出专业的评价。

书名：《纳瓦尔宝典》

作者：埃里克·乔根森

● AI 的回答

作为专业书评人，我将从思想价值、内容结构和局限性三个维度对《纳瓦尔宝典》进行深度剖析。

一、核心价值与思想贡献

1. 现代财富哲学的颠覆性重构

提出"财富 ≠ 金钱"的核心命题，强调资产（股权）与被动收入的核心地位，直击工业时代的思维误区。

财富创造公式：财富 = 专长 × 杠杆 × 判断力 × 复利效应。

独创"人生商业模式"框架：时间出售模式→杠杆模式→资本模式→产品模式的进化路径。

2. 反主流的幸福方法论

破解幸福悖论：幸福不是目标而是技能——需通过冥想、戒除欲望、活在当下等可训练能力获得。

提出"幸福三原色"：健康（生理基础）+ 自由（选择权）+ 平和（情绪管理）。

二、内容架构解析

1. 模块化知识晶体

全书采用碎片化写作（源自纳瓦尔 10 年推文精华），每条建议如独立芯片。

创新性结构：……

2. 思想密度与可操作性平衡

…………

三、争议与局限性

1. 认知门槛陷阱

"用代码和媒体复制边际成本为零的产品"等观点对非技术背景读者存在理解壁垒。

部分建议如"拒绝所有非 LTF（长期博弈）机会"在现实经济环境中显得过于理想化。

2. 体系化不足

碎片化表达导致深度案例剖析缺失（如杠杆运用的失败 / 成功对比）。

幸福实践部分缺乏科学层面的机制解释。

终极评价： ★★★★☆（4.5/5）

划时代意义：重新定义数字时代的财富创造法则，是知识工作者"个体经济解放"的操作手册。

阅读建议： 适合在职业转折点或季度复盘时精读，配合"观点→自身案例→行动清单"三阶笔记法。需警惕碎片化阅读带来的思维惰性，建议每章进行"如何颠覆我现有认知"的自我诘问。

本书犹如一柄锋利的认知手术刀，可能割开读者固有的思维茧房，但创口处将生长出属于数字游牧时代的新知脉络。

（以上内容由 DeepSeek-R1 生成，有删改）

如果是**普通读者**，如何利用 AI 写书评呢？可以用下面这个提示词模板。

> **豆瓣书评提示词模板 2**
>
> 　　你是一位**读书爱好者**，现在请你以普通读者的视角分享读完［书名］后的感受，要求如下。
>
> *1.* **字数控制**在［具体数字］以内。
>
> *2.* **语言风格**［具体风格］，以第一人称的角度分享自己的读后感受。
>
> *3.* 要结合图书的大致内容，**找到最契合用户心理的金句**。
>
> 　　书名：［书名］
>
> 　　作者：［作者名字］

【案例】《非暴力沟通》豆瓣书评

❓ 用户提问

你是一位读书爱好者，现在请你以普通读者的视角分享读完

《非暴力沟通》后的感受，要求如下。

1. 字数控制在 400 以内。

2. 语言风格朴实，以第一人称的角度分享自己的读后感受。

3. 要结合图书的大致内容，找到最契合用户心理的金句。

书名：《非暴力沟通》

作者：马歇尔·卢森堡

● **AI 的回答**

读完《非暴力沟通》的那个深夜，我对着微信里三天没回复的朋友聊天框，第一次意识到自己常用"你总是已读不回"的指责背后，藏着的其实是"我需要被重视"的脆弱。

马歇尔博士用四要素拆解沟通密码时，像给语言做了场精密手术。"不带评论的观察是人类智力的最高形式"这句话像镜子，照见我习惯性给同事贴"拖延症"标签时，其实是在逃避说出"方案明早必须定稿"的具体需求。那些总用"随便"敷衍家人的时刻，原来掐断了表达真实感受的通道。当我把"你能不能别乱扔袜子"换成"我看到沙发有三双袜子（观察），有点焦虑（感受），希望卧室保持整洁（需要），以后放进脏衣篓好吗（请求）"，丈夫愣住五秒后真的照做了。原来我们不是不会沟通，只是被暴力语言磨钝了感知彼此的触角。

这本书最动人的力量，是教会我在每个剑拔弩张的瞬间，先触摸自己心跳的温度。如作者所说："当我们褪去隐蔽的精神暴力，爱将自然流露。"

（以上内容由 DeepSeek-R1 生成）

> **注意**
>
> **1.** 目前，一些 AI 平台还无法获取整本书的信息，所以需要创作者提供给 AI。创作者提供给 AI 的内容越详细越好。
>
> **2.** 当书评涉及作者评价或者事件（案例）时，建议发布前进行核查，以确保书评的准确性。

2.9 旅游攻略：轻松规划游遍天下

撰写旅游攻略需要博主对旅游地点有比较全面的了解和研究，要能梳理旅游线路、景点介绍、美食推荐等信息，并能提出建议和传达心得。

很多博主因为地域以及旅游时间的限制，往往无法做到让旅游攻略的每一个细节都完美。现在通过 AI 的协助，博主能够深度挖掘旅游资源，找到独特的切入点，从而让旅游攻略更具吸引力，为旅游者提供有价值的参考和指导。

接下来，我们按照下面这个步骤用 AI 撰写旅游攻略。

【案例】武汉旅游攻略

第一步，设定角色，询问要求。

❓ 用户提问

你是武汉知名的导游，我马上要到武汉旅行，大概待 3 天，请你为我出一份详细的旅游攻略，我需要提供哪些信息？

● AI 的回答

您好，很高兴能成为您武汉之行的导游助手！为了给您定制一份详细且充实的武汉 3 日旅游攻略，我需要了解一些基本信息来帮助您更好地规划行程。请提供以下信息。

兴趣偏好： 您是否对历史文化、自然风光、现代都市风貌、美食探索或者购物娱乐有特别的偏好？这有助于我为您安排更符合您兴趣的活动。

交通方式： 您将采用哪种交通方式（如飞机、火车、汽车等）抵达武汉？了解这个可以帮助我规划从交通枢纽到住宿地点的接驳方式。

…………

（以上内容由文心一言生成，有删改）

第二步，给出信息。

❷ 用户提问

好的，这是我的一些信息。

兴趣偏好：想看看武汉的风景，吃吃武汉的美食。

交通方式：高铁和打车。

住宿区域：请你给我推荐。

身体情况及特殊需求：与父母同行，父母年纪较大，不适合剧烈运动。

预算范围：暂无。

● AI 的回答

根据您提供的信息，我为您推荐以下武汉 3 日游攻略，并尽量考虑到父母的身体状况及您的兴趣偏好。

一、住宿推荐

考虑到您父母年纪较大，建议选择位于市中心或交通便利、环境安静舒适的酒店。以下两个区域是不错的选择。

汉口江滩附近： 这里靠近长江，夜景优美，交通便利，且周边餐饮、购物选择丰富。酒店可以选择如武汉万达瑞华酒店、武汉香格里拉大酒店等高端酒店，或者性价比高的武汉江滩亚朵酒店、武汉汉口江滩美居酒店等中档酒店。

武昌东湖周边： 东湖是武汉的"绿肺"，环境清幽，适合散步和休闲。这里也有不少适合家庭入住的酒店，如武汉东湖宾馆、武汉光谷凯悦酒店等高端酒店，或者武汉东湖大厦等中档酒店。

二、3 日游攻略

第一天： 历史文化与美食探索

上午： 抵达武汉后，打车前往预订的酒店办理入住。稍作休息后，前往户部巷品尝武汉地道小吃，如热干面、豆皮、糊汤粉等。

…………

第三步，匹配平台，优化内容。

❓ 用户提问

你是小红书的优质旅游博主，我一会给你发一份武汉 3 日游的攻略。请你根据小红书的文章风格进行改写和呈现。注意是在我给你发的旅游攻略的基础上改写。

以下是一份武汉 3 日游攻略。

第一天：历史文化与美食探索

上午：抵达武汉后，打车前往预订的酒店办理入住。稍作休息后，前往户部巷品尝武汉地道小吃，如热干面、豆皮、糊汤粉等。

下午：前往黄鹤楼游览，虽然需要爬楼梯，但可以慢慢走，欣赏古楼内外的风景和历史文化。

晚上：在吉庆街享用晚餐，这里不仅有美食，还有浓郁的市井文化氛围。

预算提示：小吃和晚餐根据消费水平不同，预计人均 100~300 元；黄鹤楼门票约 70 元 / 人。

第二天：自然风光与悠闲漫步

…………

（这个攻略即以上用文心一言生成的内容，此处省略）

● AI 的回答

❈【武汉 3 日慢游攻略】带爸妈感受江城温柔时光 ❈

Hey！小伙伴们，今天给你们带来一份超贴心的武汉 3 日游攻略，特别

适合带着爸妈一起慢悠悠地感受这座城市的魅力哦！👩👩👧

🏨【住宿首选】—— 舒适安逸是关键！

🌙 **汉口江滩边：** 想象一下，窗外就是长江的粼粼波光，夜晚还能在江滩散步，感受凉风轻拂。推荐武汉万达瑞华酒店或武汉江滩亚朵酒店，总有一家适合您和您的家人。

🪷 **东湖之畔：** 想要更亲近自然？东湖边的酒店绝对是不二之选。无论是武汉东湖宾馆，还是武汉光谷凯悦酒店，都能让您在绿意盎然中享受美好时光。

🍜【第一天：味蕾与历史的双重盛宴】

☀️ **上午：** 抵达武汉，直奔温馨小窝，放下行李，小憩片刻。

🥣 **中午：** 户部巷走起！热干面的香气、豆皮的酥脆、糊汤粉的温暖……每一口都是地道的武汉味道，爸妈肯定喜欢！

…………

第四步，反馈迭代。针对一些不满意的细节进行反馈，让 AI 进行优化迭代，比如你可以像下面这样反馈优化迭代的建议。

❓ *用户提问*

> 这份攻略中缺乏自己旅游的亲身体验，缺乏真实感。请改写其中一天的行程，加入真实体验和推荐理由。

旅游攻略涉及实地游玩，所以信息要尽量具体。按照以上流程写出来的旅游攻略不仅可以满足旅游者的需求，还可以更加匹配新媒体平台的文章风格。

2.10 朋友圈文案：让好友忍不住给你点赞

现在越来越多的新媒体创作者会把其他平台的用户导入微信，通过运营朋友圈和用户建立信任。经营朋友圈是很多新媒体从业者的日常工作，写出有吸引力的朋友圈文案是其获得关注、实现盈利的关键。

一、朋友圈日常记录文案

如何运用 AI 撰写朋友圈文案，提升朋友圈的吸引力呢？可以试试利用下面这个提示词模板让 AI 撰写朋友圈文案。

朋友圈文案提示词模板 1

你是一位朋友圈文案高手，请写一篇生活类的朋友圈文案，具体信息及要求如下。

主题：[你想分享的主题]

你想分享的原因：[想分享的原因]

语言风格：[怎样的写作风格]

字数要求：[控制在多少字以内]。

【案例】美食分享朋友圈文案

❓ 用户提问

你是一位朋友圈文案高手，请写一篇生活类的朋友圈文案，具体信息及要求如下。

主题：深夜喝到海鲜粥。

你想分享的原因：海鲜粥很鲜，一口喝下去心情都变好了。

语言风格：口语化的风格。

字数要求：控制在 100 字以内。

- AI 的回答

深夜加班的怨气 VS 热粥滑进胃里

输得彻彻底底！

虾蟹在砂锅里"咕嘟咕嘟""开大会"

鲜到天灵盖都在"跳舞"

（老板！下回多捞两只鲍鱼不过分吧？）

夜宵之光！打工人的治愈时刻

【解析】

1. 用"天灵盖跳舞"替代"掉眉毛"，保留夸张的效果，同时更符合年轻人的表达。

2. 拟声词"咕嘟咕嘟"增强画面感。

3. 用"打工人"引发共鸣。

（以上内容由 DeepSeek-R1 生成）

> **注意**
>
> 朋友圈文案的风格一般是口语化的，如果 AI 写的文案比较死板，可以让 AI 修改得更符合真人的口吻。

二、朋友圈带货文案

如果我们希望用朋友圈文案做营销，不妨试试下面这个提示词模板。

朋友圈文案提示词模板 2

我想在朋友圈销售 [你要带货的产品]，卖点是 [想带货的产品的卖点]。请你按照 AIDA 模型的结构写一篇简短且有吸引力的朋友圈营销文案，适当添加表情符号，引导大家购买。

【案例】土蜂蜜朋友圈营销文案

用户提问

我想在朋友圈销售家乡的土蜂蜜，卖点是纯正天然、营养丰富、口感独特。请你按照 AIDA 模型的结构写一篇简短且有吸引力的朋友圈营销文案，适当添加表情符号，引导大家购买。

AI 的回答

🐝 真没想到！我家后山的土蜂蜜 🍯 被邻居追着问了 3 年秘方！

🐝 老蜂农爷爷古法养蜂 / 🐝 深山百花自由采蜜 / 金灿灿的蜜挂着蜂巢拉丝 🌿 舀一勺能嚼到天然蜂蜡颗粒 / 甜里带着野花香的清冽

💡【冰箱囤货清单 TOP3】✅ 孕妈能喝的天然糖 ✅ 兑水喝出细腻泡泡（活性酶爆表证明！）📷 拍给姐妹看：这蜂蜜挂壁能当镜子照！

🛒 ↓ 点击小车锁定新蜜 🍯 前 20 单送槐花蜜尝鲜装！老家自产自销，卖完要等明年啦

（配图：蜂场实拍 + 拉丝特写 + 检测报告实拍 + 客户好评截图）

【解析】

1. 用 AIDA 结构制造营销漏斗，数字强化真实感（3 年秘方 /20 单福利）

2. 感官营销：拉丝（视觉）、嚼蜂蜡（触觉）、野花香（嗅觉）、清冽（味觉）

3. 场景植入：孕妈 / 养生党 / 拍照社交

4. 证据链组合：蜂农背书 + 活性酶可视化 + 检测报告 + 客户见证

5. 紧迫感营造：年度采蜜周期限制 + 限量赠品策略

（以上内容由 DeepSeek-R1 生成）

在这个提示词模板中， AI 按照 AIDA 模型进行撰写，生成的内容会更加符合营销的需求，也更容易契合用户的心理。如果你想写出

更多的优质朋友圈文案，可以积累更多的营销模型或者营销文案写作框架，如 FAB 模型等。

2.11 社群"种草"：建立用户信任，实现高效转化

在上一节中，我们讲到运营好朋友圈的好处，其实除了朋友圈之外，还有一个私域场景，那就是社群。通过新媒体获取用户的需求，然后将用户放到微信群中进行持续运营，已经是大多数企业必做的运营动作。

撰写社群"种草"文案是社群运营者必备的技能，社群"种草"文案写得好，可以快速建立与用户之间的信任，加强用户对企业及产品的认可，从而实现高效的转化。

不过想要写好社群"种草"文案并不容易，没有掌握好相应技巧就容易写成生硬的广告。如何运用 AI 来撰写社群"种草"文案呢？可以按照下面提示词模板让 AI 来撰写。

社群"种草"文案提示词模板

你是 [社群名字] 的运营人员，群内成员主要为 [目标人群]，日常遇到的问题主要为 [和产品相关的并且用户关心的问题]，请你写 2 篇干货式分享文案，吸引群员查看，并植入产品介绍。

要求如下。

1. 文案结构：群员痛点 + 解决方案 + 具体方法 / 步骤，并在具体方法 / 步骤的某一环节巧妙植入产品。

2. 产品信息：[产品名称、产品卖点、产品效果]。

3. 写作风格：[你想要的文案风格]。

【案例】高钙牛奶小软饼干"种草"文案

❓ 用户提问

你是牛牛母婴好物的运营人员，群内成员主要为 2~3 岁幼儿的妈妈，日常遇到的问题主要为幼儿吃喝问题，请你写 2 篇干货式分享文案，吸引群员查看，并植入产品介绍。

要求如下。

1. 文案结构：群员痛点 + 解决方案 + 具体方法 / 步骤，并在具体方法 / 步骤的某一环节巧妙植入产品。

2. 产品信息：高钙牛奶小软饼干，独立小袋装，健康轻负担，让宝宝大口吃饭。

3. 写作风格：亲切，对话感强，方法实用且可操作性强，干货知识占比 80%，产品"种草"占比 20%，避免过度营销。

● AI 的回答

【第一篇：挑食宝宝的营养补给小妙招】

宝妈们有没有遇到过这种情况 ❓

宝宝一到饭桌就扭头不吃，哄半小时才咽两口，老母亲愁得直叹气……
别着急！今天分享一个让"饭渣"宝宝也能营养达标的实用技巧！

👉【解决思路】

用"少量多餐"代替硬塞式喂养，把健康小食巧妙融入加餐环节，既补充营养又不影响正餐兴趣！

☑️【三步轻松操作】

①定时定量建立规律：每天固定 3 顿正餐 +2 顿加餐（上午 10 点 / 下午 3 点），让宝宝肠胃形成生物钟。

②加餐玩点新花样：把食物做成手指大小，比如把咱家的 🥛 高钙牛奶

小软饼干掰成小块，让宝宝自己抓着吃，锻炼抓握还能激发食欲。

③外出备粮神器：带娃出门时在包里塞两袋独立包装的小软饼，撕开包装就能吃，不脏手不洒漏（悄悄说，很多宝妈反馈宝宝一吃就停不下来，6大不添加配方吃着也安心♡）

⚠️ **划重点：**加餐≠无节制"投喂"！建议每次给1袋小软饼（约6片），既能补钙又能控制食量。

【第二篇：2分钟搞定高钙营养餐】

急！宝宝不爱喝奶怎么补钙？

2~3岁是骨骼发育黄金期，每天需要600mg钙！如果宝宝抗拒牛奶，试试把钙"藏"进日常饮食中👇

✿【食物补钙三件套】

① 奶制品变形计：酸奶杯里撒水果粒 / 奶酪切小块拌面条。

② 绿叶菜巧搭配：西蓝花切成小块，焯水后拌芝麻酱，补钙又香浓。

③ 加餐点心藏心机：推荐用高钙牛奶小软饼干代替普通零食，2块≈半杯牛奶的钙量！

🥛【超省心早餐方案】

起床先喝半杯温水 → 主食吃小米粥 / 小馒头 → 搭配3块牛奶小软饼（独立包装开袋直接吃，赶时间妈妈的救星！）

✿ 加分项：这款饼干入口是软糯奶香，很多挑食宝宝都以为是"小蛋糕"呢~

💡 小提醒：每天带宝宝户外晒太阳30分钟，钙吸收效果更好哦！

两篇文案均采用"痛点场景化＋科学知识轻科普＋强关联产品使用场景"的结构，既提供实用育儿知识，又自然带出产品优势（独立包装 / 高钙 / 无添加）。产品植入集中在"解决方案"环节，更易让家长产生"刚好需要"的认同感。

（以上内容由DeepSeek-R1生成）

根据提示词模板生成的社群"种草"文案，通过干货软植入的方式让用户更容易接受产品，固定的文案结构也能够更好地赋能各种各样的产品。当然，在使用该文案时，要注意衔接自然，以便在社群中的表达可以更自然。

2.12 文章润色：让文章更具可读性

通过前面的学习，大家已经掌握了用 AI 创作新媒体内容的诀窍，但是如果大家自己本身就具备撰写文章的能力，以及有明确想表达的观点，更希望有人帮自己优化，就可以使用 AI 的文章优化功能。

文章优化可以分为 3 种方式，分别是润色、改写、扩写。

接下来，我们就先看看如何使用 AI 来润色文章吧。

文章润色提示词模板

你是技艺精湛的文章润色专家，请你对我提供的文本内容进行润色。

润色要求如下。

1. 需要润色和优化的内容：［需要润色的段落文字］

2. 目标读者：［目标人群］

3. 润色目的：［改写的目的］

4. 风格偏好：［文章的语言风格］

【案例】文章润色

❓ 用户提问

你是技艺精湛的文章润色专家，请你对我提供的文本内容进行润色。

润色要求如下。

1. 需要润色和优化 ### ### 中的内容。

在这个纷繁复杂的社会里，人情往来似乎成了我们日常生活中不可或缺的一部分。它像一张细腻而复杂的网，将我们与周围的人紧密相连。然而，在这张网的编织过程中，我们往往容易陷入一个误区：过分看重人情，以至于忽略了自我成长与理性判断的边界。今天，就让我们一起探讨一个话题：永远不要把人情看得太重。###

2. 目标读者：职场人。

3. 润色目的：更好地戳中目标读者的痛点，提升文章的吸引力。

4. 风格偏好：话语接地气，通俗易懂。

● AI 的回答

【职场生存法则：你的人情债正在透支未来】

（开篇用痛点场景切入，增加代入感）

"小王，帮我改个 PPT 吧，你最擅长这个了！"

"这份报表你帮我核对下，改天请你吃饭"

"这个客户你帮我跟进吧，我家里有急事"

这些话是不是耳熟得可怕？在格子间里，我们每天都在人情往来中精疲力尽。上周市场部的李姐又帮同事背了项目黑锅，结果晋升答辩时，领导却说她"缺乏决策能力"。这让我想起刚入行时前辈说的那句话：职场最大的陷阱，就是把人情看得比能力值钱。

（用三个典型场景 + 真实案例增强说服力）

·人情不是硬通货，专业才是通行证

去年部门有个重点项目，张哥因为和总监是老乡拿到机会。结果汇报会上面对董事提问，三个专业问题答错两个，整个团队跟着扣奖金。这让我想起《哈佛商业评论》……

·过度付出的隐形代价

行政部小美是出名的"职场便利贴"，帮买咖啡、代打卡、整理报销单样样包办。年终考评时她却傻眼了：工作量部门第一，关键指标全垫底。更残酷的是……

·建立边界感的三个实战技巧

需求分级法：紧急且重要 > 紧急不重要 > 重要不紧急 > 既不重要也不紧急…………

（结尾用行动号召增强感染力）

下次再有人递来"人情债"时，不妨把时间投资在这些地方：

√ 参加行业认证培训

√ 打磨核心业务 SOP

√ 建立个人知识库

√ 维护优质人脉网络

记住：

真正的人脉，是彼此专业价值的等量交换。当你成为部门不可替代的"专业标杆"时，自然会收获高质量的人情往来。毕竟，职场终究是价值交换的战场，不是人情施舍的菜市场。

（以上内容由 DeepSeek-R1 生成，有删改）

用 AI 润色后的文章通过营造痛点场景让读者代入，从而引起读者对文章主题的重视，增加了文章的可读性。当你对于大段的文字细节调整难以下手时，就可以试试用 AI 润色。

2.13 文章改写：让文章更具吸引力

讲完文章润色，再来说说文章改写。改写可以帮助你修改不满意的文章片段，使其更具有吸引力。如果你对文章中的某个段落整体不太满意时，可以试试让 AI 来改写。

文章改写提示词模板

你是文章改写高手，请你基于改写要求，对原文内容进行深度改写，确保在不改变原内容核心意义的前提下，彻底重塑内容的表达方式和叙述结构，使之呈现出全新的风貌，且让读者难以察觉原文的痕迹。

改写要求：用［撰写文章的框架］的结构来写。

原文：［原文内容］。

【案例】文章改写

❓ 用户提问

你是文章改写高手，请你基于改写要求，对原文内容进行深度改写，确保在不改变原内容核心意义的前提下，彻底重塑内容的表达方式和叙述结构，使之呈现出全新的风貌，且让读者难以察觉原文的痕迹。

改写要求：用痛点代入—引出观点的结构来写，篇幅不超过 400 字。

原文：在与领导沟通时，许多人常常忽视了设定明确的目标。他们只是随意地谈论自己的想法，而没有明确的计划或目标，这样的沟通往往会导致信息的混乱和误解，甚至可能会浪费领导的时间和精力。

● AI 的回答

【痛点代入】

你是否经历过这样的职场窘境？精心准备的汇报被领导三次打断追问"重点在哪里"，熬夜整理的数据在会议中途被要求"重新梳理逻辑"，跨部门协作方案反复沟通三周后仍停留在原点。这些场景背后藏着一个隐秘陷阱：当我们抱着"汇报工作"的心态走进领导办公室，大脑自动开启了信息倾倒模式——90% 的沟通者会无意识地将思考压力转嫁给上级。

【观点揭示】

真正高效的向上沟通，本质是完成一次精准的信息闭环。观察显示，70% 的无效沟通源自目标缺失：没有预先框定本次对话需要领导确认的关键决策，或是需要同步的核心进展。这直接导致信息在往返中遗漏损耗，形成可怕的沟通成本黑洞。

【解决方案】

每次对话前强制完成 30 秒目标校准：用"本次沟通需要领导确认 ×× 事项"或"希望同步 ×× 进展并获取 ×× 支持"的句式明确靶心。进阶者可运用 SCQA 模型（情境－冲突－问题－答案）结构化表达，你会发现领导开始主动追问"需要我如何配合"，而不是皱眉重复"说重点"。

（以上内容由 DeepSeek-R1 生成）

改写后的文字比原文更有条理性，且更加完善，能更好地承接上下文以及直白地表达观点。通过这个案例也能看出，当你觉得灵感不足，写出来的段落较短，不够丰富时，也可以通过 AI 改写来丰富段落内容。

2.14 文章扩写：高效丰富文章内容

除了文章润色和改写，还有一种文章优化的办法就是文章扩写。扩写可以帮助你将某一个观点或者段落进行延展，在灵感枯竭时很适合使用。

文章扩写提示词模板

你是经验丰富的文本扩写高手，擅长将简短的句子、段落或文章进行深入的拓展，请你基于我提供的内容进行扩写。

需要扩写的内容：[原文内容]

扩写要求如下。

1. 扩写时需补充的信息：[需要补充的信息]

2. 目标读者：[目标人群]

【案例】文章扩写

❓ 用户提问

你是经验丰富的文本扩写高手，擅长将简短的句子、段落或文章进行深入的拓展，请你基于我提供的内容进行扩写。

需要扩写的内容：在与领导沟通时，许多人常常忽视了设定明确的目标。他们只是随意地谈论自己的想法，而没有明确的计划或目标，这样的沟通往往会导致信息的混乱和误解，甚至可能会浪费领导的时间和精力。

扩写要求如下。

1. 扩写时需补充的信息：实际的职场沟通中出现的案例。

2. 目标读者：职场新人。

职场新人必看：如何与领导高效沟通的三大目标法则

（案例引入）

上个月市场部新人小张在周报会议上犯了典型错误。他花了 15 分钟详细描述拜访客户的每个细节："领导，上周我见了王总三次，第一次在星巴克聊了产品参数，第二次在对方公司演示了 PPT，第三次我们还一起吃了日料……"

副总打断他："所以最终合作意向如何？"

小张支支吾吾："王总说需要再考虑……"

这种缺乏目标导向的沟通，直接导致部门错失及时调整策略的时机。

（现象分析）

这种情况在职场新人中普遍存在。根据领英 2023 年调研数据，63% 的初级员工在与上级沟通时存在"三无状态"：无核心诉求、无信息重点、无行动建议。

就像技术部的小李，上周拿着 20 页测试数据找总监，却说不出是想申请资源还是汇报风险，最终被要求"回去厘清思路再来"。

（解决方案）

掌握目标设定三步骤能有效改善这种情况

1. 明确沟通类型

区分汇报进展（同步信息）、申请资源（争取支持）、征求意见（获取指导）等类型。

例如申请项目预算时，应先明确需要金额、用途及预期收益。

2. 采用 SMART 法则提炼核心信息

具体（Specific），如"需要 3 天完成市场调研"；

可衡量（Measurable），如"覆盖 5 个重点客户"；

可实现（Achievable），如"已有 3 家客户同意配合"；

相关性（Relevant），如"直接决定产品改进方向"；

时限性（Time-bound），如"周三前需要确认预算"。

3. 预判领导关注点

财务总监更关注 ROI，技术总监侧重可行性。新人小王在申请设备时，先准备了两套方案：高配版（效率提升 40%，成本 15 万元）和标准版（提升 25%，成本 8 万元），最终顺利获批。

（案例佐证）

行政部小陈的逆袭案例值得学习。当她需要协调年会场地时，提前准备了：核心目标（12 月 20 日前签订场地合同）、备选方案（3 家酒店对比表）、风险预案（天气突变应对措施）。

与主管 20 分钟的沟通中，领导直接圈定最优方案，效率提升 300%。

（总结提升）

麦肯锡沟通黄金圈法则显示，目标明确的沟通能节省 47% 的交流时间。

建议新人养成沟通前写"目标便签"的习惯，用 20 字概括：沟通目的、关键数据、需要决策项。

这就像给领导制作"信息导航仪"，让每次沟通都成为职业能力的展示机会。

（以上内容由 DeepSeek-R1 生成，有删改）

利用 AI 给文章增加案例或者故事，可以让文章的观点更具备说服力，提升内容丰富度和文章的整体质量，还能够确保作者的思想和信息以更好的方式传达给读者。

2.15 金句创作：给文章加入点睛之笔

想要让用户记住文章，金句是一个必不可少的要素。金句可以提升内容吸引力，增强文章的情感共鸣，提升内容的传播力。但是在写金句时，我们经常会遇到以下问题：

怎样的金句能够更快地抓住用户的心？

如何快速写出引起用户情感共鸣的金句？

灵感枯竭，写不出来怎么办？

…………

当你遇到这些难题的时候，不妨试试利用 AI，它可以快速理解你的需求并生成符合要求的金句，大大缩短你在构思和撰写金句上所花费的时间，提高整体创作效率。具体如何做呢？可以看看下面这个提示词模板。

金句创作提示词模板

你是知名作家，现在请你帮我写 10 个金句，方便我用于文章当中。

这些金句的要求如下。

金句主题：[主题内容]

金句风格：[句子风格]

金句关键词：[想体现的关键词]

目标受众：[用户画像]

每个金句不超过 [字数具体要求] 字，并且上下句要对仗。

【案例】鼓励高考学子的金句

? 用户提问

你是知名作家，现在请你帮我写 10 个金句，方便我用于文章当中。

这些金句的要求如下。

金句主题：努力很重要。

金句风格：简洁有力，鼓舞人心。

金句关键词：努力，奋斗。

目标受众：备战高考的学生。

每个金句不超过 20 字，并且上下句要对仗。

● AI 的回答

汗水铺就成功路，努力铸就辉煌梦。

奋斗不息志如铁，努力前行路无疆。

笔下生风凭苦练，金榜题名靠努力。

梦想在远方闪烁，努力是前行灯塔。

书山有路勤为径，学海无涯苦作舟。

晨曦微露启新程，夜灯长明映努力。

青春无悔因奋斗，未来可期靠努力。

汗水浇灌希望花，努力绽放成功果。

心怀梦想勇攀登，脚踏实地勤努力。

不懈追求显壮志，勤勉努力创佳绩。

（以上内容由文心一言生成）

给出具体的要求后，AI 很快地生成了符合要求的金句，并且简短有力，很适合用于文章。AI 内置了丰富的词汇、短语和句型，能够结合不同的元素生成多样化的金句。

其实不仅仅是写作，很多场景，例如沟通对谈、课程研发，都需要金句来进行价值或者情感的升华。当你没有灵感时，你还可以参考以下提问方式，让 AI 生成金句。

❓ 用户提问

你觉得找准目标用户对于品牌来说重要吗？能用金句来表述其重要性吗？

每个金句控制在 20 字以内，要求尽量对仗工整，请写出 10 个金句。

● AI 的回答

以下是 10 个对仗工整，每个金句字数控制在 20 字以内，表达"找准目标用户对于品牌重要性"的金句。

精准定位用户，品牌方显锋芒。

用户定位准，品牌路自宽。

目标用户明，品牌策略清。

用户画像清，品牌影响深。

洞悉用户心，品牌赢未来。

用户需求准，品牌价值升。

用户细分准，品牌定位稳。

用户导向明，品牌发展顺。

用户定位精，品牌声誉兴。

锁定用户心，品牌力量增。

（以上内容由文心一言生成）

金句往往承载着特定的文化内涵和价值观，在使用 AI 创作时，也要考虑金句在特定场合或平台中的适宜性。

第 3 章

职场应用文写作

3.1 简历：在面试中脱颖而出

简历往往能体现一个人的专业水平、职业精神、工作态度，它不仅是展示个人形象的窗口，更是求职面试的敲门砖。一份优秀的简历能在第一时间吸引面试官的注意力，让面试者脱颖而出。

然而，很多人写简历时毫无头绪、不知从何下手，更不清楚如何展示自己以获得面试官的青睐。

这时不妨借助 AI 定制一份能充分展示自我优势、让面试官眼前一亮的简历。

我们可以按照以下步骤引导 AI 生成简历。

第一步，确定简历框架。在正式开始写简历之前，需要搭建好简历的框架，这一步可以直接让 AI 完成。

> **简历框架提示词模板**
>
> 请给我一个简历框架，要求包含 [你希望简历中包含的信息]，并体现 [你希望在简历中突出的信息，例如体现经验丰富或专业素养强]。

【案例】生成简历

❓ 用户提问

> 请给我一个简历框架，要求包含教育背景、工作经验、技能专长等关键部分，并体现我的专业素养。

基本信息

姓名：[您的姓名]

联系方式：[手机号码] | [电子邮箱]

求职意向：[具体职位]，[期望行业]

教育背景

[毕业院校]

[入学年份]—[毕业年份] [学历] [专业名称]

· 主修课程：[列举几门与求职意向紧密相关的核心课程]

· 成绩亮点：GPA [具体分数] / [满分]，多次获得 [奖学金/荣誉称号]

· 学术研究/项目经历：参与 [项目名称]，负责 [具体工作内容]，研究成果 [简述成果，如发表的论文]

工作经验

· [公司名称] | [职位名称] | [工作起止年月]

[具体职责1]：[详细说明你承担的主要任务及取得的成果，用数据支持]

[具体职责2]：[强调团队合作、项目管理或技术领导方面的经验]

· [公司名称] | [职位名称] | [工作起止年月]

…………

技能专长

· [专业技能1]：[例如编程语言、软件使用]

· [专业技能2]：[例如项目管理、数据分析]

· 语言技能：[例如英语]

· 其他技能：[例如团队合作能力、沟通能力、领导力]

项目经验（可选填，如工作经验部分未详细展开）

· [项目名称] | [项目时间]

项目描述：［简述项目背景、目标及重要性］

角色：［你在项目中担任的角色］

成果：［你在项目中的个人贡献或项目的整体成果］

· ［项目名称］｜［项目时间］

…………

自我评价

［简短而有力地总结你的职业优势、性格特点以及对未来工作的期望
和态度，体现专业素养和积极性。］

（以上内容由文心一言生成，有删改）

可以看到，AI 能够快速为我们提供一个结构清晰、内容完善的
简历框架，并提供简历写作指导。

第二步，填充信息，生成简历。 根据 AI 提供的简历框架填充个
人信息，同时命令 AI 直接生成简历。

❓ *用户提问*

我补充了一些个人信息，请根据以上简历框架，为我生成一
份专业的简历。

姓名：秋小叶。联系方式：×××。求职意向：文案策划，
互联网行业。

教育背景：秋叶大学，2018—2022 年，本科，广告学。主修
课程：广告策划与创意、品牌传播学、新媒体营销、文案写
作。获得国家奖学金、"优秀学生"称号。

工作经验：2022 年 7 月至今，秋叶传媒，文案策划，负责公
司各类营销活动的文案策划工作，成功提升了产品页面的点
击率，增长至 35%；2021 年 7 月—2021 年 9 月，文案策划实

习生，主要参与今日头条、抖音等平台的内容策划与文案撰写，写了 3 篇爆款文章。

自我评价：我性格开朗，乐于接受挑战。

- **AI 的回答**

姓名：秋小叶

联系方式：×××

求职意向：文案策划，互联网行业

教育背景

秋叶大学

2018—2022 年 本科 广告学

- ·主修课程：广告策划与创意、品牌传播学、新媒体营销、文案写作
- ·成绩亮点：获得国家奖学金、"优秀学生"称号

工作经验

秋叶传媒 | 文案策划 | 2022 年 7 月至今

- ·负责公司各类营销活动的文案策划工作。在此期间，我策划了多项广告活动，成功提升了产品页面的点击率，增长至 35%。
- ·我设计并执行了多媒体广告系列，通过创新的视觉和文案，有效提升了品牌认知度和客户满意度。

秋叶传媒 | 文案策划实习生 | 2021 年 7 月—2021 年 9 月

…………

技能专长

- ·专业技能：具备扎实的文案创作、市场分析、新媒体营销技能。
- ·软件技能：熟练使用 Photoshop、Illustrator 等设计软件。
- ·语言技能：大学英语四级。
- ·其他技能：具备创新思维、时间管理能力。

自我评价

我是一个性格开朗、乐于接受挑战的人。我热爱文字创作，善于用创意点亮品牌，用文字触动人心。我相信，凭借我的专业能力和不懈努力，定能帮助公司取得更加优异的成绩。

（以上内容由文心一言生成，有删改）

基于 AI 提供的简历框架补充个人信息后，AI 就能为我们快速生成一份优质的简历。同时，AI 还能根据职位和经历描述识别出关键的技能需求，并在简历中突出相应的内容。

第三步，润色优化。 可以命令 AI 针对简历中的具体问题不断优化简历。

❓ *用户提问*

自我评价部分有些单薄，请丰富一下，体现我的专业素养和积极性。

● *AI 的回答*

我是一个性格开朗、积极面对挑战的人。我对文字创作充满热情，擅长用创意和文案来塑造品牌影响力，触动人心。我具备扎实的文案策划和创意写作能力，能够根据不同需求创作出引人入胜的内容。我期待在新的工作中与团队一起追求卓越，实现个人与公司的共同成长。

注意

1. AI 在优化简历时，可能会根据我们提供的信息夸大、扩写一些内容，请注意甄别和修改，以免出现简历造假的情况。

2. 利用 AI 生成简历文本后，还需要通过 Word、PPT、Photoshop等工具对简历进行排版美化，最终得到一份优质的简历。

3.2 演讲稿：让观众印象深刻

日常工作和学习中，需要演讲的场合非常多，小到工作汇报、员工培训、岗位竞聘，大到产品推广、资源申请、招商引资、学术研讨等。

你有没有遇到过一上台就思维混乱、声音颤抖，甚至频繁忘词的情况？

如果是这样，那么事先借助 AI 准备一篇优质的演讲稿，可以大大增强你的自信心和表现力，帮助你更好地表达观点、传达信息，让演讲更加精彩且具有说服力，给观众留下深刻的印象。

以下是一个通用的演讲稿提示词模板。

演讲稿提示词模板 1

请帮我写一篇演讲稿，以下是相关信息。

1. 演讲主题：[演讲的主题]

2. 演讲目的：[明确演讲的目的，比如启发、教育、说服、激励等]

3. 核心观点：[简要描述你的演讲想要传达的核心信息或主要观点]

4. 目标观众：[描述你的观众，例如描述他们的年龄、兴趣、职业背景等]

5. 案例资料：[提供与演讲主题相关的信息、数据、案例研究等]

6. 演讲时长：[明确说明演讲所需的时间长度]

7. 演讲风格：[选择合适的演讲风格，如严肃、幽默等]

8. 演讲场合：[说明演讲将在什么样的场合进行，如商务会议、学术研讨会、颁奖典礼等]

9. 具体要求：[根据实际需求列出特定的要求或注意事项]

【案例 1】 "科技创新引领未来"演讲稿

❓ 用户提问

请帮我写一篇演讲稿,以下是相关信息。

1. 演讲主题:科技创新引领未来。

2. 演讲目的:激励科研人员不断探索创新。

3. 核心观点:科技创新是推动社会进步的关键力量,当前科技创新面临的挑战以及未来科技创新的方向。

4. 目标观众:科研工作者,年龄为 25 岁至 50 岁,知识水平较高。

5. 演讲时长:约 15 分钟。

● AI 的回答

各位尊敬的科研工作者:

大家好!

今天,我们聚集在这里,共同探讨一个激动人心而又意义深远的主题——科技创新引领未来。在这个日新月异的时代,科技的力量正以前所未有的速度重塑我们的世界,而这一切的原动力,正是科技创新。

一、科技创新:社会进步的关键力量

回望历史,每一次科技的飞跃都带来社会的巨大变革。从蒸汽机的轰鸣到互联网的普及,从电力的广泛应用到人工智能的兴起,科技创新不断推动着人类文明的车轮滚滚向前……

二、当前科技创新面临的挑战

然而,在科技创新的道路上,我们也面临诸多挑战。

首先,随着科技的快速发展,知识更新的速度日益加快,这对科研工作者提出了更高的要求。我们需要不断学习新知识、掌握新技能,才能跟上时代的步伐。

其次……

三、未来科技创新的方向

面对挑战，我们更应坚定信心、勇往直前。那么，未来科技创新的方向在哪里呢？我认为，以下几个方面值得我们重点关注。

…………

四、结语：激励科研人员不断探索创新

各位同仁，科技创新的道路虽然充满挑战，但正是这些挑战孕育着无限的可能和机遇。作为科研工作者……

（以上内容由文心一言生成，有删改）

如果演讲稿中需要包含特定的信息或论点，那么可以使用下面这个提示词模板，让 AI 生成的内容更精准。

演讲稿提示词模板 2

请帮我写一篇演讲稿。

演讲主题：[演讲的主题]

目标观众：[描述你的观众，例如描述他们的年龄、兴趣、职业背景等]

请确保演讲稿包含以下内容。

1. 核心观点：[简要描述你的演讲想要传达的核心信息或主要观点]

2. 引言：[简要说明引言中必须包含的内容]

3. 主体：[简要说明主体中必须包含的内容]

4. 结尾：[简要说明结尾中必须包含的内容]

如果演讲主题已经很清晰地体现了演讲者要表达的观点，提示词中也可以省略"核心观点"。

【案例 2 】 "如何通过团队合作实现公司目标" 演讲稿

? 用户提问

请帮我写一篇演讲稿。

演讲主题：如何通过团队合作实现公司目标。

目标观众：公司员工，年龄为 25 到 40 岁。

请确保演讲稿包含以下内容。

1. 引言：简要介绍团队合作的重要性。

2. 主体：具体列举几个成功的团队合作案例，并分析这些案例成功的原因。

3. 结尾：总结团队合作对公司未来发展的意义，并呼吁大家共同努力。

● AI 的回答

尊敬的领导、亲爱的同事们：

大家好！

今天，我非常荣幸能站在这里与大家共同探讨一个至关重要的话题——如何通过团队合作实现公司目标。

"单丝不成线，独木不成林。" 这句话道出了团队合作的重要性。在当今这个瞬息万变的时代，公司要想取得成功，仅仅依靠个人的力量是远远不够的。只有将每个成员的力量汇聚在一起，形成一股强大的合力，才能推动公司不断向前发展。

让我们来看两个成功的团队合作案例。首先是……

通过这两个案例，我们可以发现一些共同点。首先，团队成员之间能够进行良好的沟通与协作。大家能够畅所欲言……

展望未来，我们的公司要想在激烈的市场竞争中脱颖而出……

谢谢大家！

（以上内容由腾讯元宝生成，有删改）

3.3 工作总结：无须抓耳挠腮

工作总结对团队和个人都有重要的意义和价值，它能提高团队的沟通效率，让领导更好地评估工作进展情况；也能展示个人工作成果，并为下一步工作提供参考和方向。

但是，要想写出优质的工作总结，往往需要花费大量的时间和精力对项目或工作进行全面的梳理和分析，这非常考验我们的分析能力、思维能力和语言组织能力。

如果想要提升写工作总结的效率，那么不妨让 AI 快速梳理工作信息、组织语言，具体步骤如下。

第一步，确定框架。向 AI 交代工作总结的背景信息，如汇报人、汇报对象、汇报主题等，然后让 AI 生成框架。

我是一位 [职位]。

我需要向领导和同事汇报 [具体时间，如年度、月度] 个人工作完成情况，请为我提供一个详细的工作总结框架。

要求：确保框架结构清晰、逻辑严谨，便于我进行汇报。

【案例】个人设计工作完成情况总结

❓ 用户提问

我是一位设计师，我需要向领导和同事汇报 3 月份个人设计工作完成情况，请为我提供一个详细的工作总结框架，并确保框架结构清晰、逻辑严谨，便于我进行汇报。

● AI 的回答

一、开场白

简短介绍自己的身份及工作总结的目的，如"我是 ×× 设计团队的设计师 ×××，本次汇报旨在总结我 3 月份的个人设计工作完成情况"。

二、项目概览

1. 项目列表：列举 3 月份参与的所有设计项目，包括项目名称、项目类型、项目起止时间。

2. 角色定位：简述自己在每个项目中的角色及职责。

三、工作进展与成果展示

1. 进度概述：按项目顺序简述每个项目的当前进度，包括已完成的工作、待完成的工作等。

2. 关键成果：如设计亮点、客户反馈等。

四、工作挑战、应对措施与经验总结

1. 面临的挑战：具体描述在设计过程中遇到的主要挑战，如需求不明确、时间紧迫、技术难题等。

2. 应对措施：针对每个挑战，详细说明采取的解决策略、团队协作方式及最终达成的效果。

3. 经验总结：从工作中得出宝贵的经验，为未来工作提供参考。

五、技能提升与学习心得

1. 技能提升：总结在 3 月份内，自己在设计理论、设计技能、软件操作等方面的学习情况与提升效果。

2. 学习心得：……

六、自我评估

1. 工作态度：反思自己在 3 月份的工作态度，如积极性、责任心、团队合作精神等。

2. 工作效率：……

3. 改进方向：……

七、下一步工作计划

1. 当前项目跟进：简述当前正在进行的设计项目计划及下一步工作安排。

2. 新项目展望：……

3. 个人发展目标：……

八、结语

1. 表达感谢：对领导和同事给予的支持与帮助表示感谢。

2. 展望未来：表达对未来工作的积极态度与期待，强调团队合作的重要性，并承诺继续努力为公司发展贡献力量。

（以上内容由文心一言生成，有删改）

AI 每次生成的工作总结框架可能都不一样，可以利用 AI 多次生成，得到合适的框架后再进行下一步。

第二步，生成工作总结。 根据 AI 提供的框架补充相关信息，并给出具体要求，让它生成工作总结。

❓ 用户提问

根据你提供的框架，我完善了相关信息，请为我生成一份工作总结，要求：排版合理清晰，语言规范简洁，突出我的优点和成绩。

（相关信息，略）

● AI 的回答

3 月份个人设计工作完成情况工作总结

一、开场白

大家好，我是设计部的设计师秋小叶，今天非常荣幸能够向大家汇报我 3 月份的个人设计工作完成情况。在过去的一个月里，我全身心投入各个项目，力求在设计与创新上取得突破。

二、项目概览

1. 项目 A：App 界面重构。从 3 月初至 3 月中旬，我主要负责该 App 的界面重构工作，旨在提升用户体验。

2. 项目 B：……

3. 项目 C：……

三、工作进展与成果展示

1. 进度概述

· 项目 A：已完成界面重构的初步设计并通过内部评审，进入开发对接阶段。

- 项目 B：所有海报设计均已完成并交付市场部门，获得客户初步认可。
- 项目 C：品牌 VI 优化方案已提交给品牌部，正在进行细节调整。

2. 关键成果

- 设计亮点：在 App 界面重构中，我对动态交互方式进行了创新，增强了操作的流畅性和趣味性；新品海报设计则注重色彩搭配与产品特性的结合，有效突出了产品的卖点。
- 成果展示：……
- 客户 / 内部反馈：……

四、工作挑战与应对措施

1. 面临的挑战

- 项目 A：在界面重构过程中，遇到了部分技术实现难度较大的问题，需要与技术部门反复沟通确认。
- 项目 B：……

2. 应对措施

- 针对项目 A，我与技术部门保持密切沟通，及时调整设计方案以符合技术实现要求；同时，积极学习相关技术知识，提升自己的跨界协作能力。
- 对于项目 B，……

五、技能提升与学习心得

1. 技能提升：在 3 月份，我深入学习了动态交互设计的相关知识，并在实际项目中进行了应用；同时，增强了与后端开发的协作能力，提高了设计方案的实现效率。

2. 学习心得：……

六、自我评估

1. 工作态度：我认为自己在 3 月份保持了高度的工作热情，责任心强，能够积极面对各种挑战并努力寻找解决方案。

2. 工作效率：……

3. 改进方向：……

七、下一步工作计划

1. 当前项目跟进：继续跟进项目 A 的后续开发工作并关注其上线效果，同时积极配合市场部门做好项目 B 的推广宣传工作。

2. 新项目展望：……

3. 个人发展目标：……

八、结语

最后我要感谢领导和同事们在 3 月份给予我的支持与帮助。在未来的工作中，我将继续努力提升自己的专业素养和综合能力，为公司的发展贡献自己的力量。谢谢大家！

（以上内容由文心一言生成，有删改）

第三步，反馈迭代。 发送修改指令，让 AI 优化工作总结。

❓ 用户提问

在"工作进展与成果展示"部分，可以加入一些具体的数据，从而量化我的工作成果，比如"项目 A 的界面重构设计稿共经过 3 轮迭代，最终客户满意度提升至 90%"。

可以更多地强调团队合作的重要性，并具体描述我与团队成员如何协作解决问题、共同推进项目。

在"下一步工作计划"部分，可以更加具体地描述接下来要做的事情，包括具体的时间节点、预期成果和所需的资源等，让领导和同事更好地了解我的工作计划，并为我提供必要的支持和帮助。

在 AI 的帮助下，我们可以写出更清晰、更有逻辑的工作总结。为了更好地进行工作汇报，建议借助 PPT 或 Excel 等软件可视化展示工作成果。

3.4 活动策划方案：激发灵感，创意无限

无论从事什么行业，活动策划都是非常重要的。它不仅是企业品牌塑造、市场推广的关键环节，也是增强团队凝聚力、提升用户参与度和满意度的有效手段。一个精心策划的活动能够迅速吸引目标受众的注意，激发情感共鸣，进而实现实际的价值增长。

我们在进行活动策划时，可能会遭遇灵感枯竭的困境，有时还需进行详细的市场调研、行业分析以及获取目标受众的精准画像，因此不妨借助 AI 撰写活动策划方案，为活动策划方案注入更多活力与创意。

活动策划方案提示词模板

请帮我写一份有创意的活动策划方案，以下是相关信息。

1. 主题：[在此处填写活动策划方案的主题]

2. 背景：[描述活动的背景信息，例如市场环境、品牌现状等]

3. 主要目标：[明确活动想要达成的目标，例如提高公众对品牌环保产品的认知度等]

4. 预期效果：[列出活动预计达到的效果，例如预计活动将吸引多少名参与者、产品销售额预计增长多少百分比、品牌曝光量增加多少等]

5. 目标受众：[描述目标受众的特征和需求]

6. 预算：[明确活动的预算]

7. 时间限制：[明确活动的时间]

8. 其他要求：[列出活动中可能需要注意的其他要求或特殊事项]

【案例】公司年会活动策划方案

用户提问

请帮我写一份有创意的活动策划方案，以下是相关信息。

1. 主题：年会活动策划。

2. 背景：公司在过去一年中取得了显著的业绩增长。

3. 主要目标：增强员工之间的交流与团队凝聚力，回顾过去一年的成就，表彰优秀员工，同时提出新一年的发展方向和目标。

4. 预期效果：提升员工对公司的满意度和忠诚度，增强团队协作精神，激发全体员工的积极性，为新一年的工作打下良好的基础。

5. 目标受众：公司全体员工。

6. 预算：10万元。

7. 时间限制：活动时间为一天。

8. 其他要求：年轻化、可行性强、参与度高。

AI的回答

一、活动主题

"筑梦未来，共耀辉煌"——××公司年度盛典

二、活动背景与目标

在过去的一年里，××公司凭借全体员工的共同努力实现了业绩的显著增长。为了庆祝这一辉煌成就，加强员工间的情感交流，提升团队凝聚力，表彰先进，同时明确新一年的发展蓝图，我们决定举办本次年会。

…………

三、活动时间与地点

时间： ××××年××月××日（全天）

地点： ××市××会议中心/公司大型活动厅（根据实际情况选择）

四、活动内容设计

1. 开场仪式： 梦想启航（9:00—9:30）

内容：领导致辞，回顾过去一年成就，展望新一年愿景。采用视频与现场演讲相结合的形式，展示公司一年来的高光时刻。

亮点：启用 AR/VR 技术（视预算情况而定），让员工"穿越"至公司重要时刻，增加互动性和科技感。

2. 表彰环节： 星光熠熠（9:35—11:00）

…………

五、预算分配

场地租赁与布置：20000 元

餐饮：30000 元

奖品与礼品：25000 元

…………

六、宣传与动员

· 提前一个月通过公司内部平台、邮件、海报等进行活动预热。

· 建立活动微信群 /QQ 群，实时更新活动进展，收集员工意见。

· 鼓励员工自发准备表演节目，提升活动参与度。

七、后续跟进

· 活动结束后，通过调查问卷收集员工反馈，评估活动效果。

· 对优秀表演节目进行表彰，并在公司内部平台进行展示。

· 总结活动经验，为下一年年会活动策划提供参考。

（以上内容由文心一言生成，有删改）

　　总的来看，AI 生成的活动策划方案具有全面性、结构化、发散性等特点，不过在某些细节上可能还需要进一步深化，例如策划方案中具体的游戏规则、奖项评选的具体流程等。另外，我们还需要根据实际情况进行判断，以确保生成的活动策划方案符合需求，具有可行性。

利用 AI 进行活动策划，不仅能够给我们带来源源不断的创意，还能让我们通过其高效的数据处理与分析能力快速筛选、优化活动策划方案，从而加速从创意到执行的转化过程。

3.5 沟通话术：让团队沟通更顺畅

想要说服他人购买产品 / 达成合作，有哪些话术？

想拒绝他人不合理的请求，应该怎么说？

在工作会议、团队协作中，要如何表达想法、提出见解？

…………

好的沟通话术可以帮助我们与同事、领导或客户建立良好的关系并实现共同目标，还可以帮助我们更快地解决问题、减少低效的沟通，从而提高团队的工作效率和生产力。

反过来，糟糕的沟通话术可能会导致信息不清晰、不准确或不完整，从而引起误会，降低团队的工作效率。

如果在沟通时不知道怎么说，可以让 AI 辅助生成特定场景下的沟通话术。

沟通话术提示词模板

请帮我写一段沟通话术。

1. 沟通对象：[你的沟通对象是谁]

2. 沟通背景：[简述沟通发生的背景或前提]

3. 沟通目的：[说明你希望通过沟通达到什么目的，是达成合作、销售

产品、提供服务、解决问题、说服对方还是其他目的]

4. 话术风格：[描述你希望采用的话术风格，比如正式、亲切、幽默、严肃]

5. 关键信息：[列出话术中需要包含的关键信息]

6. 沟通方式：[说明你将采用的沟通方式，如面对面交谈、电话沟通、视频会议、电子邮件等]

7. 期望的行动：[明确指出你希望沟通对象在沟通后进行的具体行动或反馈]

【案例 1】拒绝他人请求的沟通话术

? 用户提问

请帮我写一段沟通话术。

1. 沟通对象：同事。

2. 沟通背景：对方请求我帮助其完成一项超出我职责和能力范围的任务。

3. 沟通目的：拒绝不合理的请求。

4. 话术风格：礼貌，坚定，口语化。

5. 关键信息：（1）需要说明我目前工作压力也很大；（2）给出替代建议；（3）向对方表达感谢。

6. 沟通方式：当面沟通。

7. 期望的行动：希望对方能够理解并接受我的拒绝。

• AI 的回答

首先，非常感谢你想到来找我帮忙，这真的让我很感动。不过，我想跟你坦诚地聊一下，关于你提到的那个任务，我恐怕得说声抱歉了。

你也知道，最近我这边的工作真的是堆得跟小山似的，手头的好几个项目都到了关键时刻，我得全力以赴才能保证它们都能按时完成。所以，再接手一个这么重要又超出我职责和能力范围的任务，我怕自己会力不从心，反而影响了整体进度。

不过，你别担心，我虽然不能直接帮你做这个任务，但我可以给你支个招。××（某位擅长此领域的同事名字）在这方面特别有经验，或许你可以去找他聊聊，看看他能不能给你一些建议或者协助。另外，我们也可以一起想想办法，看看怎么调整工作安排，让这个任务能够更顺利地推进。

再次感谢你的理解和信任，我真的很珍惜我们之间的合作关系。我相信，只要我们相互支持，一定能够克服各种困难，把工作做得更好。希望你能理解，也希望我们以后还能继续愉快地共事。

（以上内容由文心一言生成）

可以看出，AI 生成的沟通话术礼貌又坚定，既表达了个人的立场，又考虑到了团队的利益。

我们还可以根据实际需要对提示词模板中的内容进行适当删减，以简化提示词，进一步提升效率。

【案例 2】回复领导信息的沟通话术

❓ 用户提问

请帮我写一段沟通话术。

1. 沟通对象：领导。

2. 沟通背景：领导说"辛苦了"，我不知道怎么回复。

3. 话术风格：礼貌，口语化。

4. 沟通方式：微信沟通。

● **AI 的回答**

您的关心让我感到特别温暖，其实这些都是我应该做的。能为团队贡献自己的力量，我感到非常高兴和自豪。如果有什么需要我做的，随时告诉我，我会尽力做到最好！

（以上内容由 Kimi 生成）

> **注意**
>
> AI 生成的沟通话术不一定符合我们的语言风格，且它可能缺乏人类的情感，因此我们有时需要在 AI 生成的沟通话术的基础上进行适当的调整。

3.6 商业计划书：展现核心竞争力

几乎所有的商业活动都需要撰写商业计划书，用于向投资者、合作伙伴或金融机构展示公司的发展计划和市场潜力，以获得资金支持。

撰写商业计划书需要拥有多方面的经验和知识，如市场调研、竞争分析、财务规划等。这时利用 AI 撰写商业计划书可以大大提高工作效率，而且 AI 能够快速生成内容和建议，并提供准确有用的信息。

商业计划书提示词模板

请帮我写一份关于［具体产品］的商业计划书，要求［具体要求，例如格式标准、能够吸引投资者的关注和支持等］，以下是相关信息。

1. 概述：［简要描述业务，包括业务模式、市场定位、目标市场和目标客户］

2. 市场分析：[描述目标市场，包括竞争对手、市场趋势、客户需求等]

3. 产品和服务：[详细介绍产品和服务，包括产品种类、品牌、价格、质量等]

4. 营销策略：[详细描述营销策略，包括促销活动、广告宣传、促销渠道等]

5. 经营计划：[展示经营计划和经营目标，包括资金预算、人员配备、进货渠道等]

6. 经营目标：[描述希望业务达到怎样的目标]

7. 风险分析：[分析可能的风险和挑战，制定应对策略，确保业务顺利进行]

8. 财务预测：[详细预测财务状况，包括成本、收入、利润、现金流等]

【案例】秋叶 AI 智能鼠标商业计划书

❓ 用户提问

请帮我写一份关于秋叶 AI 智能鼠标的商业计划书，要求专业性强、格式标准、能够吸引投资者的关注和支持，以下是相关信息。

1. 概述：秋叶 AI 智能鼠标能提升客户的办公、娱乐体验。这款鼠标将在专业领域人士和对高科技接受度较高的年轻人群体中推广。

2. 市场分析：当前，鼠标市场由几家知名品牌占据。随着 AI 的普及，智能化鼠标的市场需求将持续增长。秋叶 AI 智能鼠标通过集成语音识别、手势控制等创新功能，满足客户对高效工作和便捷操作的需求。

3. 产品和服务：秋叶 AI 智能鼠标采用高精度传感器，操作流畅；集成 AI 算法，可自动写作、制表、绘图，还能进行语音控制等；采用人体工学设计，长时间使用不易疲劳；等等。服务方面，我们将建立完善的客服和售后体系，提升客户满意度。

4. 营销策略：利用社交媒体吸引客户；与知名博主和科技媒体合作；在行业展会和峰会上展示产品；实施限时促销活动；等等。

5. 经营计划：初期将投入资金用于产品研发、生产设备购置和市场推广；人员配备方面，我们将组建一支高效的研发团队和销售团队；渠道方面，我们将与优质的电子元件供应商、主流 AI 工具建立长期合作关系，确保产品质量和供货稳定性。

6. 经营目标：成为智能化鼠标市场的领导者，实现持续盈利和增长。

7. 风险分析：技术更新迭代快、市场竞争激烈等。

8. 财务预测：预计在产品上市的第一年内，公司将获得 1000 万元的销售收入，并随着市场份额的扩大，逐年提升销售收入和利润水平；预计在第二年达到盈亏平衡点，之后进入稳定的盈利增长期。

- **AI 的回答**

秋叶 AI 智能鼠标商业计划书

一、概述

秋叶 AI 智能鼠标是一款结合了先进人工智能技术的创新型鼠标，旨在通过其智能化功能为客户提供更加便捷、高效的办公和娱乐体验。通过精准识别、智能预测与高效交互，秋叶 AI 智能鼠标不仅满足了专业领域人士对高效工作的追求，更以其独特魅力吸引了对高科技接受度高的年轻人群体，助力他们开启智能生活的新篇章。

本产品将主要在专业领域人士和对高科技接受度较高的年轻人群体中进行推广，聚焦于对科技产品有强烈兴趣及需求的商务人士、设计师、程序员及游戏爱好者等细分群体。

二、市场分析

· 行业现状：当前鼠标市场虽已趋于成熟，但智能化鼠标正悄然改变竞争格局。传统鼠标难以满足用户日益增长的高效、便捷操作需求，而 AI 技术的融入为鼠标注入了新的活力。

· 市场需求：……

· 竞争分析：……

· 市场趋势：……

三、产品和服务

1. 产品特点

· 高精度传感器：确保操作流畅，定位精准。

· 集成 AI 算法：支持自动写作、制表、绘图等高效办公功能；实现语音控制，提升操作便捷性。

· 人体工学设计：符合人体自然握持习惯，长时间使用不易疲劳。

· 智能预测：通过掌握用户习惯，预测并提前准备用户可能需要的操作。

2. 服务体系

…………

四、营销策略

· 社交媒体营销：利用微博、微信、抖音等社交媒体平台，发布产品介绍、使用教程及用户反馈等内容，提升品牌曝光度。

…………

（以上内容由文心一言生成，有删改）

撰写商业计划书是一项复杂且需要高投入的工作，现在我们可以利用 AI 生成商业计划书的主要内容，这极大地节省了时间和精力。

不过，在享受 AI 带来的便利的同时，也要特别注意其局限性，比如 AI 不具备实际的商业经验和专业知识，在处理复杂的商业问题时可能会生成不准确的内容，需要我们进行审查和修改。

3.7 通知：高效传达信息

通知是企业、组织或团体向员工或成员发布信息的一种方式。一份好的通知可以快速传递信息，从而提升效率，促进团队合作，保持行动和决策一致。因此，在发布通知时需要特别注意内容的准确性、明确性和全面性。

可以让 AI 协助写通知以提高准确性，提升效率，同时节省公司运营成本。

> **通知提示词模板**
>
> 请帮我写一份通知，以下是相关信息。
>
> **1.** 标题：[通知的标题，简洁明了地描述通知的主要内容]
>
> **2.** 通知对象：[通知的对象，如公司员工、学校师生、社区居民等]
>
> **3.** 发布单位 / 部门：[发布通知的单位或部门名称]
>
> **4.** 发布日期：[通知的实际发布日期]
>
> **5.** 目的：[简要说明发布此通知的目的和意图]
>
> **6.** 背景：[提供与通知相关的背景信息，使人更好地理解通知的上下文]
>
> **7.** 具体内容：[详细列出通知的主要信息，例如时间、地点、主要内容、具体安排、注意事项等]

8. 行动要求或指引：[列出具体的行动要求或指引，例如请在规定时间内完成某项任务、请到指定地点集合等，还可提供相关的联系方式或资源链接]

9. 结束语：[表达感谢、期望等，例如感谢大家的支持与配合，期待您的参与，还可提供反馈渠道或联系方式]

【案例】年度总结大会通知

❓ 用户提问

请帮我写一份通知，以下是相关信息。

1. 标题：关于召开年度总结大会的通知。

2. 通知对象：全体员工。

3. 发布单位／部门：人力资源部。

4. 发布日期：2024 年 12 月 15 日。

5. 目的：总结过去一年的工作成绩，规划未来的发展方向。

6. 背景：随着公司业务的快速发展，我们需要对过去一年的成果进行回顾，并制订未来发展的战略规划。

7. 具体内容如下。

时间：2024 年 12 月 30 日 上午 9:00—下午 5:00。

地点：公司大会议室。

主要内容：部门汇报、优秀员工表彰、未来战略规划讨论。

8. 行动要求或指引：请全体员工准时参加。

9. 结束语：对全体员工表达感谢。

请根据以上信息生成一份格式规范、语言流畅的通知。

关于召开年度总结大会的通知

尊敬的全体员工：

随着我们公司业务的不断发展和壮大，我们在过去的一年里取得了令人瞩目的成绩。为了全面回顾这一年的工作成果，并对未来的发展方向进行深入讨论和规划，人力资源部特此组织召开年度总结大会。

本次大会旨在总结过去一年的工作成绩，分享经验，表彰先进，同时为未来的发展制订清晰的战略规划。

时间： 2024 年 12 月 30 日 上午 9:00—下午 5:00

地点： 公司大会议室

主要议程如下。

1. 部门工作汇报

2. 优秀员工表彰仪式

3. 未来发展战略规划讨论

敬请各位员工做好准备，按时参加。如有特殊情况不能出席，请提前向人力资源部报备。

在此，人力资源部对全体员工一年来的辛勤付出表示衷心的感谢，希望今后，我们能够携手共进，迎接更加辉煌的未来。

人力资源部

（以上内容由文心一言生成）

AI 生成的通知通常遵循一定的逻辑结构和格式规范，具有一定的专业性。我们只需给 AI 提供关键信息，就能获得这样一份高质量的通知，这样可以极大地提高效率、减少时间消耗。

此外，我们还可以结合具体需求，对 AI 生成的通知进行动态调整和修改，例如修改通知的发布日期、结束语等，从而让通知更符合实际需求。

3.8 会议邀请函：简洁大方有诚意

会议邀请函常用于邀请个人或组织参加研讨会、培训或商务活动等。好的会议邀请函可以清晰、准确地传达会议的基本信息，激发受邀者的兴趣和积极性，同时可以展现主办方的专业素养。

问题是，在写会议邀请函时需要考虑多方面的因素，例如如何确保内容的准确性，如何使语言简练得体，如何设计排版，等等，任何一个小错误都可能带来麻烦和误解。

这时不妨试试借助 AI 生成会议邀请函。

会议邀请函提示词模板

帮我写一篇会议邀请函，确保格式正式且专业，以下是相关信息。

会议名称：[填写会议的全称]

会议主题：[明确会议探讨的主题]

会议目的：[简要说明会议的目标、期望达成的成果或参会人员将获得的收益]

参会人员：[列出预计参会人员类型或具体名单，如某领域专家学者、某科技企业代表、某投资机构等]

会议时间：[提供会议的具体日期与时间段]

会议地点：[详细说明会议地址，包括城市、酒店名称及会议室号]

会议议程：[描述会议的主要环节或议题]

特别提示：[列出任何需要特别提醒参会人员注意的信息，如签证申请流程、住宿推荐、健康安全指南等]

回复截止日期：[参会人员确认参会的最后期限]

联系方式：[主办方的联系电话、邮箱或客服联系方式]

会议主办方：[主办方名称，可能包括联合主办单位]

【案例】"2025未来科技趋势探索峰会"会议邀请函

❓ 用户提问

请帮我写一篇会议邀请函，确保格式正式且专业，以下是相关信息。

会议名称：2025未来科技趋势探索峰会。

会议主题：探索未来科技，引领创新潮流。

会议目的：通过深入交流，洞察科技前沿趋势，激发创新思维，促进科技成果的转化与应用。

参会人员：全球科技行业的专家学者、企业家、投资人及科技创新爱好者。

会议时间：2025年7月14日14:00—18:00。

会议地点：北京，国际会议中心。

（更多信息，略）

● AI的回答

"2025未来科技趋势探索峰会"会议邀请函

尊敬的[收件人姓名/尊称]：

您好！

在这个日新月异的科技时代，我们即将迎来一场汇聚全球智慧、探索未来科技的盛会——2025未来科技趋势探索峰会。我们诚挚地邀请您作为尊贵的嘉宾共襄盛举，携手探索科技的无限可能。

会议名称：2025未来科技趋势探索峰会。

会议主题：探索未来科技，引领创新潮流。

会议目的：本次峰会旨在通过深入交流与对话，共同洞察科技前沿的最新趋势，激发创新思维火花，促进科技成果的加速转化与广泛应用，为全球科技的可持续发展贡献力量。

参会人员：我们诚挚邀请全球科技行业的专家学者、成功企业家、敏锐投资人以及热爱科技创新的各界人士参会，共同构建一个开放、合作、创新的交流平台。

会议时间：2025 年 7 月 14 日（星期日），14:00—18:00。

会议地点：北京，国际会议中心（具体会议室号将在后续通知中提供）。

会议议程：

1. 开幕式及领导致辞；

2. 主题演讲——来自科技巨头的领袖将分享他们对未来科技的独到见解；

…………

特别提示：

· 请留意后续邮件或短信通知，我们将为您提供详细的参会指南，包括交通路线、住宿推荐及会议日程安排等；

· 为确保会议质量，请您提前准备并积极参与讨论，让我们共同营造一个高质量的交流环境。

回复截止日期：请您于 2025 年 6 月 30 日前通过邮件或指定链接确认您的出席意向，以便我们做好相应的接待与安排工作。

联系方式

电话：× × ×

官网：× × ×

会议主办方：本次峰会由秋叶集团主办，我们致力于打造一个具有国际影响力的科技交流平台，推动全球科技产业的创新与发展。

我们坚信，您的参与将为本次峰会增添更多智慧与活力。期待在美丽的北京与您相聚，共同开启未来科技的新篇章！

敬请确认您的出席意向，并预祝我们合作愉快！

此致

敬礼！

[主办方名称]

[发送日期]

借助 AI 生成的会议邀请函不仅能全面且清晰地传达会议的关键信息，还能保持正式、友好的语言风格，能够很好地吸引受邀者的关注和参与。

当然，我们还可以进一步命令 AI 修改优化会议邀请函。例如在会议议程部分增加一些具体的演讲嘉宾或项目名称，以增强吸引力；或在会议邀请函的结尾强调会议的重要性和参加会议的好处，让受邀者更有动力参会。

3.9　会议发言稿：逻辑清晰显水平

在会议中，我们难免遇到需要发言的情况。无论是汇报工作还是表达观点，好的发言简洁明了、逻辑清晰，能够体现发言者的思维逻辑水平和语言表达能力。

不过，很多人可能缺少会议发言的经验，或不清楚如何吸引听众的注意力，没有时间提前准备和完善会议发言稿。

可以尝试用 AI 生成会议发言稿以完成一次高质量的发言。

会议发言稿提示词模板 1

我是 [具体职位/身份]，我需要在 [时间、地点] 进行一次会议发言，请为我生成一份会议发言稿。

目标听众：[描述目标听众，如职位、专业背景、兴趣点等]

发言主题：[提供清晰明确的主题]

发言目的：[列出具体的发言目的，如传达信息、启发思考、提出建议、激励行动等]

发言时长：[指出预计发言时长，如 15 分钟至 20 分钟]

要求：[描述对发言内容、形式或风格的要求，如语言风格突出、结构清晰、有互动环节等]

【案例 1】新员工培训会会议发言稿

? 用户提问

我是销售部门的主管，我需要在周一早上的新员工培训会上进行一次会议发言，请为我生成一份会议发言稿。

目标听众：新员工。

发言主题：携手并进，共创销售辉煌——新员工入职培训与职业规划。

发言目的：帮助大家快速融入团队，明确我们的销售目标与愿景。

发言时长：3 分钟。

要求：语言风格活泼热情。

● AI 的回答

尊敬的各位新同事们，大家好！

首先，我要热烈欢迎在座的每一位加入我们的大家庭！我是销售部门的主管，非常荣幸能在这个美好的早晨与大家共同开启在 [公司名称] 的旅程。今天，我想和大家分享的主题是："携手并进，共创销售辉煌——

新员工入职培训与职业规划"。

大家都知道，销售部门是公司的排头兵，我们肩负着将产品推向市场、实现公司价值的重要使命……

在接下来的日子里，公司将为大家提供全面的培训，帮助大家快速掌握销售技巧，熟悉市场动态，融入我们的团队……

我们有一个共同的愿景……

在接下来的培训中，大家如果有任何问题都可以随时找我。我会尽我所能，为大家提供帮助和支持。让我们一起加油，用我们的热情和智慧书写属于我们的销售传奇！

谢谢大家！祝大家事业有成，梦想成真！

（以上内容由腾讯元宝生成，有删改）

借助 AI，我们可以快速获取一份情绪饱满、能有效传达信息与表达观点，还能激发听众兴趣、促进共识达成的会议发言稿。

不过，AI 生成的会议发言稿往往缺乏一些个性化、定制化的内容。如果想要让 AI 生成更具针对性的会议发言稿，那么可以明确告知 AI 会议发言稿必须包含的内容，这类提示词模板如下。

会议发言稿提示词模板 2

我是［具体职位／身份］，我需要在［时间、地点］进行一次会议发言，请为我生成一份会议发言稿。

目标听众：［描述目标听众，如职位、专业背景、兴趣点等］

发言主题：［提供清晰明确的主题］

发言目的：［列出具体的发言目的，如传达信息、启发思考、提出建议、激励行动等］

发言时长：[指出预计发言时长，如 15 分钟至 20 分钟]

要求：[描述对发言内容、形式或风格的要求，如语言风格突出、结构清晰、有互动环节等]

必要内容：[**列出必须包含的内容**，例如

开场白，讲述一个吸引人的故事或展示统计数据；

对发言主题进行简要介绍，为听众提供必要的上下文；

详细阐述主要论点，包括支持性证据、实例或案例研究；

结论，总结发言要点，并呼吁行动或进行未来展望；

互动环节的具体设计，如提问、小组讨论或反馈意见收集等]

【案例 2】优秀员工代表会议发言稿

❓ *用户提问*

我是优秀员工代表，我需要在下周三上午 10 点举行的公司年度总结大会上进行一次会议发言，请为我生成一份会议发言稿。

目标听众：公司高层管理者、各部门经理及全体员工，他们来自不同岗位，拥有不同的专业领域知识，共同关注公司的发展与个人成长。

发言主题：携手并进，共创辉煌——我的成长与公司的未来。

发言目的：激发全体员工的积极性和创造力，共同推动公司向更高目标迈进。

发言时长：5~10 分钟。

要求：语言风格活泼、亲切，结构清晰，层次分明。

必要内容如下。

1. 分享一两个自己在工作中遇到的关键事件或挑战，展现自

已如何克服困难、取得进步。

2. 基于个人经验，提出促进团队合作与提升工作效率的建议。

● AI 的回答

携手并进，共创辉煌——我的成长与公司的未来

尊敬的公司领导、各位同事：

大家好！

今天，站在这里作为优秀员工代表发言，我感到无比的荣幸和激动。在过去的一年里，我们共同经历了不少挑战和成长，今天我想和大家分享一下我的工作经历和个人思考，希望能为我们共同的未来贡献微薄之力。

让我们先来回顾一个小故事。去年，在我负责的一个大项目中，我遇到了一个技术瓶颈，这直接影响到了项目进度。那一刻，我几乎能听到内心深处有声音在说："这太难了，我们做不到。" 但是，我没有选择退缩……

在此，我也想分享一些对促进团队合作和提高工作效率的看法……

展望未来，我们有无限的潜力和机会。我坚信，只要我们继续保持创新精神，加强团队协作，我们就能一起创造更大的辉煌。让我们携手并进，以我们的智慧和汗水，共同谱写公司未来的成功篇章！

谢谢大家！

（以上内容由讯飞星火生成，有删改）

AI 能够根据不同主题、发言人的不同身份生成会议发言稿，还能根据我们提出的要求进行个性化定制。相信在 AI 的加持下，我们能够轻松完成一次精彩的发言。

3.10 会议纪要：领导看了都点赞

职场人经常需要参加各种会议，一份好的会议纪要不仅可以清晰准确地记录会议的内容，还可以让未参加会议的人了解会议内容，防止工作遗漏或重复，提高工作效率。

在撰写会议纪要时，需要遵循很多标准，例如要统一格式和风格、要包含必要的信息、要确保语言简单明了等，这时我们可以利用 AI 辅助生成会议纪要，具体步骤如下。

第一步，获取模板。

❓ 用户提问

请给我一份标准的会议纪要模板，用表格形式呈现。

● AI 的回答

当然可以。以下是一份使用表格形式的标准会议纪要模板，您可以根据需要进行修改。

会议主题：［会议主题］

会议日期：［会议日期］

参会人员：［参会人员姓名］

会议讨论要点：

议题	要点
［议题一］	［议题一要点］
［议题二］	［议题二要点］
［议题三］	［议题三要点］

决策 / 行动项：

决策 / 行动项	负责人	截止日期
[决策 / 行动项一]	[负责人姓名]	[决策 / 行动项一截止日期]
[决策 / 行动项二]	[负责人姓名]	[决策 / 行动项二截止日期]
[决策 / 行动项三]	[负责人姓名]	[决策 / 行动项三截止日期]

会议总结：

[描述会议的主要结论和成果]

附件：

[附件 1]

[附件 2]

这是一个基本的会议纪要表格模板，您可以根据您的组织和项目需求对其进行修改。希望这对您有所帮助！

（以上内容由腾讯元宝生成）

如果 AI 提供的模板不符合需求，我们可以使用不同的 AI 工具多次生成，直到获得满意的模板。

第二步，提供信息，生成会议纪要。

？ 用户提问

请根据以上模板为我生成一份会议纪要，这是我的相关信息：

（会议相关信息，略）

AI 的回答

会议主题：秋叶 AI 智能鼠标产品讨论会

会议日期： 2025 年 12 月 1 日

参会人员： 产品研发部门、产品宣传部门

会议讨论要点：

议题	要点
市场需求	用户对于智能化设备的需求增加
设计亮点	人性化设计，人体工学设计
技术难点	如何搭载更多 AI 功能，成本控制

决策 / 行动项：

决策 / 行动项	负责人	截止日期
确定产品原型	张三	2026 年 1 月 1 日
完成技术可行性分析	李四	2026 年 2 月 1 日
制订详细营销计划	王五	2026 年 3 月 1 日

会议总结：

本次会议就秋叶 AI 智能鼠标的产品设计、市场分析、技术实现和营销策略进行了深入讨论。会议确定了产品原型、完成了技术可行性分析以及制订营销计划等关键行动事项。参会人员对于产品的未来充满信心，并期待其在市场上取得成功。

附件：

1. 市场分析报告
2. 技术规格说明书
3. 竞争对手分析报告

注意

AI 在撰写会议纪要时，可能会为了达到指令要求而对我们提供的信息进行删减或补充，请注意甄别和修改，忠于会议的实际内容。

3.11 工作日报/周报：展现工作成果与价值

撰写工作日报/周报是职场中一项重要的日常工作，它不仅有助于我们梳理工作内容，反思问题以及总结经验，展示自身的专业性，还有利于团队成员和领导了解工作进展和成果，从而促进团队协作。

那么，如何快速写出一份优质的工作日报/周报呢？

以工作日报为例，可以按照以下步骤引导 AI 生成工作日报。

第一步，明确需求，确定框架。明确告知 AI 需要生成工作日报框架，并给出具体要求。

❓ 用户提问

请为我提供一个工作日报框架，要求：结构清晰，目标导向。

● AI 的回答

一、今日总结

1. 完成的任务

　　任务 A：完成情况简述。

　　任务 B：……

2. 关键成果：简述最重要的 1~2 项成果。

3. 问题与挑战：遇到的问题及简要解决措施。

二、明日计划

任务 A：目标与优先级。

任务 B：……

三、长期关注

1. 项目进度：简要说明当前项目状态与下一步计划。

2. 资源需求：如有需要，提出资源需求。

四、沟通与协作

1. 团队协作：今日协作亮点或需要跟进的事项。

2. 上级反馈：重要的上级指导或特殊要求。

五、个人反思

简述今日工作收获与改进点。

（以上内容由文心一言生成，有删改）

使用这个结构清晰、目标导向的工作日报框架，我们可以更加高效地复盘工作情况、展示工作成果，并使同事、领导了解工作进展和需求。

在这一步，如果对 AI 生成的工作日报框架不满意，可以进行反馈迭代或人工修改。

第二步，提供信息，生成工作日报。

❓ 用户提问

请按以上工作日报框架为我生成一份工作日报。以下是我的相关信息。

一、今日总结

1. 完成的任务

任务 A：完成了市场调研报告的初稿。

任务 B：协助产品经理组织产品功能讨论会。

2. 关键成果：提交了市场调研报告初稿；推动产品功能讨论会顺利进行。

3. 问题与挑战：市场调研报告中的竞争对手数据难以获取。

二、明日计划

任务 A：完善市场调研报告。

任务 B：细化产品开发任务清单。

三、长期关注

1. 项目进度：当前项目已进入产品规划阶段，下周完成产品原型设计。

2. 资源需求：暂无。

四、沟通与协作

与产品经理、开发团队及市场部门推动项目进展。

五、个人反思

我在数据收集和分析方面的能力还需加强。

● **AI 的回答**

一、今日总结

1. 完成的任务

任务 A：完成了市场调研报告的初稿，初稿包含对目标市场的详细分析和趋势预测。

任务 B：……

2. 关键成果

a. 提交了高质量的市场调研报告初稿，为产品决策提供了有力支持。

b.……

3. 问题与挑战

在市场调研过程中，发现竞争对手数据难以获取，需要探索更多渠道或方法以获取更准确的信息。

二、明日计划

任务 A：继续完善市场调研报告，重点补充和完善竞争对手分析部分。

任务 B：……

三、长期关注

1. 项目进度

当前项目已进入产品规划阶段的关键期，预计下周将完成……

2. 资源需求

目前暂无特殊需求，但将密切关注……

四、沟通与协作

今日与产品经理、开发团队及市场部门进行了有效沟通，共同推动了项目的进展，特别是在产品功能讨论会上……

五、个人反思

在今日的工作中，我深刻认识到自己在数据收集和分析方面的不足……

借助 AI 撰写工作日报 / 周报，不仅效率高、内容全面、表述专业，还能让 AI 帮助我们提出具体的工作改进计划或学习目标。

要注意的是，人工修改和润色必不可少，它能够确保工作日报 / 周报在保持专业性的同时，还具有个人风格，让我们更好地展现工作成果。

3.12　PPT 大纲：内容详细，说服力强

一份优质的 PPT 离不开一份精心构思的大纲。我们在撰写 PPT 大纲时，经常遇到这些问题：缺乏清晰的结构和思路，内容不完整或重点缺失……

面对这些难题，不妨借助 AI 生成一份结构清晰、内容完整的 PPT

大纲，这样不仅可以节省大量的时间和精力，还能确保 PPT 的质量得到提升，使演讲更加出色。

【案例 1】营销计划 PPT 大纲

❓ 用户提问

你是一位 PPT 制作专家，请帮我生成一份结构清晰、内容完整的 PPT 大纲，以下是相关信息。

主题：市场部门年度营销计划。

目的：促进团队内外对年度营销计划的理解与认同，促进跨部门协作。

目标观众：公司高层管理人员、市场部门全体员工、其他相关部门负责人。

关键信息：年度营销计划要包含战略目标、关键举措、预期成果及资源分配。

其他要求：PPT 总页数为 20~30 页。

- **AI 的回答**

PPT 大纲：市场部门年度营销计划

封面页

标题：市场部门 20××年度营销计划

副标题（可选）：携手共创，引领未来市场趋势

制作人 / 团队名称

日期

目录页

（列出 PPT 的主要内容章节，略）

第 1 页：引言

简短介绍年度营销计划的重要性

强调团队协作与跨部门沟通的价值

预览本次汇报的核心内容

第 2~3 页：市场环境分析

当前市场概况

行业趋势

竞争态势

消费者行为分析

SWOT 分析（优势、劣势、机会、威胁）

第 4 页：战略目标设定

总体战略目标（SMART 原则）

关键业绩指标 (KPI)

第 5~6 页：关键举措概述

列出并简述实现战略目标的主要举措

…………

（以上内容由文心一言生成，有删改）

这份 AI 生成的市场部门年度营销计划 PPT 大纲，在内容完整性、逻辑结构、关键信息突出程度等方面都表现得十分出色。

当然，我们还可以仅仅给 AI 提供 PPT 的主题信息，让 AI 根据所给信息智能地生成一份适用于该主题的通用型 PPT 大纲。

PPT 大纲提示词模板 2

你是一位 PPT 制作专家，请帮我生成一份结构清晰、内容完整的 PPT 大纲，主题：[填写清晰、简洁且能概括 PPT 核心内容的主题或标题]

【案例 2】年终述职报告 PPT 大纲

❓ 用户提问

你是一位 PPT 制作专家，请帮我生成一份结构清晰、内容完整的 PPT 大纲，主题：年终述职报告。

● AI 的回答

明白，以下是根据您的需求为您生成的年终述职报告 PPT 大纲。

封面

标题： 年终述职报告

汇报人：[姓名]

日期：[具体日期]

目录

详细内容

1. 引言

1.1 述职报告的目的与重要性

1.2 对于本年度的整体感受和总结

1.3 对于团队和公司的感谢

2. 本年度工作概述

2.1 岗位与主要职责

2.2 设定的工作目标

2.3 工作范围和职责的变化

3. 关键成果与项目回顾

3.1 重要项目和任务概览

3.2 项目和任务的成果评估

…………

（以上内容由讯飞星火生成，有删改）

第 4 章

商业营销文案写作

4.1 产品推广文案：增强用户购买意愿

一篇优秀的产品推广文案可以激发用户的购买欲望，提高产品推广的转化率。撰写高质量的产品推广文案并非易事，关键在于抓住目标用户的需求和兴趣点，同时展示产品的独特价值和优势。

借助 AI，我们可以更快速地挖掘产品优势，定位目标用户，从而撰写具有吸引力的产品推广文案。那么，如何利用 AI 高效地生成一篇令人赞叹的产品推广文案呢？

按照下面的思路，可以快速梳理出生成产品推广文案的提示词模板。

①**设定角色**。将 AI 设定为文案专家，擅长挖掘需求和卖点。

②**明确目标**。通过文案展示产品的优势，激发用户的购买欲望。

③**限定文案结构**。根据产品推广文案的使用场景，限定文案结构，包括但不限于标题、产品功能、产品特色、体验效果、用户评价、活动优惠、行动号召等。

④**补充要求**。针对产品的特点补充信息，比如目标用户的文化背景或地域特征等，使文案更有个性或吸引力。

产品推广文案提示词模板 1

角色：你是一位专注于撰写吸引人、有说服力的产品推广文案的专家，擅长挖掘产品的独特卖点和用户需求。

目标：撰写一篇能够清晰展示产品优势、激发目标用户兴趣并促使其采取行动的产品推广文案。

结构：标题、产品功能、产品特色、体验效果、用户评价、活动优惠、行动号召。

要求：文案应符合品牌形象，能够引起目标用户共鸣，同时遵守广

告法规和道德标准。

现在根据产品的以下信息，写一篇产品推广文案。

1. 产品名称：[产品的名称]

2. 产品功能：[产品的特色功能]

3. 产品特色：[产品的核心优势]

4. 体验效果：[列举用户的体验和感受]

5. 用户评价：[列举用户对于产品的评价]

6. 活动优惠：[给出价格优惠信息]

【案例 1】秋叶 AI 智能鼠标产品推广文案

❓ 用户提问

角色：你是一位专注于撰写吸引人、有说服力的产品推广文案的专家，擅长挖掘产品的独特卖点和用户需求。

目标：撰写一篇能够清晰展示产品优势、激发目标用户兴趣并促使其采取行动的产品推广文案。

结构：标题、产品功能、产品特色、体验效果、用户评价、活动优惠、行动号召。

要求：文案应符合品牌形象，能够引起目标用户共鸣，同时遵守广告法规和道德标准。

现在根据以下产品信息，写一篇产品推广文案。

1. 产品名称：秋叶 AI 智能鼠标。

2. 产品功能：智能写作、智能改写、AI 绘画、图文识别、语音打字。

3. 产品特色：高效办公，解放双手。

4. 用户评价：上知天文，下知地理，写得了文案，敲得了代码，只需下达指令，分分钟搞定工作任务。

5. 活动优惠："双十一"当天领取优惠券购买，只需 299 元。

● AI 的回答

秋叶 AI 智能鼠标——释放双手，智慧办公，仅需 299 元！

产品功能亮点

· 智能写作：一键生成文案，创意无限，让灵感不再受限。

· 智能改写：优化你的文本，提升表达的准确性，让每句话都精准有力。

· AI 绘画：创意绘图，只需口述，即刻呈现你心中的画面。

· 图文识别：快速识别文档，高效整理，让信息一目了然。

· 语音打字：告别键盘，用声音书写，让工作更流畅。

产品特色

· 高效办公：秋叶 AI 智能鼠标，让办公效率翻倍，工作更轻松。

· 解放双手：告别烦琐操作，只需简单指令，一切尽在掌控。

用户评价

"上知天文，下知地理，写得了文案，敲得了代码，只需下达指令，分分钟搞定工作任务。"

活动优惠

"双十一"当天领取优惠券，秋叶 AI 智能鼠标仅需 299 元！

行动号召

立即行动，让秋叶 AI 智能鼠标成为您的办公好帮手。"双十一"当天，299 元超值抢购，开启智能办公新时代！

点击购买，体验智能办公！

秋叶 AI 智能鼠标，让工作变得简单，让生活更加精彩！

立即抢购 —— 把握机会，让秋叶 AI 智能鼠标成为您办公桌上的得力助手！

（以上内容由 Kimi 生成）

这篇产品推广文案包括标题、产品功能亮点、产品特色、用户评价、活动优惠、行动号召等，逐步引导用户了解产品并购买。

当然，也可以根据自己产品的特性收集整理产品的信息，信息越完整，AI 生成的文案内容越全面。下面这个产品推广文案提示词模板可以给 AI 更大的创作空间。

产品推广文案提示词模板 2

角色：你是一位具有创意思维和市场洞察力的文案专家，擅长捕捉产品的独特卖点并将其转化为有说服力的产品推广文案。

目标：写一篇能够突出产品优势、激发用户购买欲望的产品推广文案。

结构：产品推广文案应包括 [标题、引言、核心优势、用户利益、用户评价、行动号召、优惠信息、结语]。

要求：使用 [情感化 / 口语化 / 简洁] 的语言。

以下是产品的相关信息：

[产品相关信息]

【案例 2 】牛肉酱产品推广文案

❓ 用户提问

角色：你是一位具有创意思维和市场洞察力的文案专家，擅长捕捉产品的独特卖点并将其转化为有说服力的产品推广文案。

目标：写一篇能够突出产品优势、激发用户购买欲望的产品推广文案。

结构：产品推广文案应包括引言、核心优势、用户利益、行动号召。

要求：使用口语化的语言，便于用户理解。

以下是产品的相关信息：

小红红牛肉酱，牛肉比例 30% 以上，家人放心吃的酱，每一种食材都很讲究，选用了鲜香菇作为辅料，荤素搭配，营养更均衡，不放任何香精、色素，连香料都不放，香气完全是靠葱、姜、蒜等新鲜食材带出来的。

● **AI 的回答**

在忙碌的生活中，一顿简单却充满爱心的餐食，往往能带来无限的温暖与满足。小红红牛肉酱，以 30% 以上的牛肉比例，为您的餐桌添上一份健康与美味……

真材实料： 我们承诺，每一罐小红红牛肉酱，牛肉比例超过 30%，确保您每一口都能品尝到满满的肉香。

纯净配方： 无香精、无色素，我们只使用葱、姜、蒜等新鲜食材，还原食物本真的味道。

营养均衡： 鲜香菇的加入，丰富了口感，荤素搭配，营养均衡。

适合全家： 全家都能放心食用的牛肉酱，让每个家庭成员都能享受健康美味的餐食。

精心选材： 每一种食材都经过严格挑选，确保新鲜、优质，从源头保障产品的品质。

独特工艺： 采用传统与现代相结合的工艺，提供天然、营养丰富、美味的牛肉酱。

现在就来体验小红红牛肉酱，让您每餐都充满惊喜和满足！

（以上内容由 Kimi 生成，有删改）

这篇产品推广文案通过情感化的语言、清晰的信息，突出健康导向和用户利益，能够吸引用户的注意，并激发他们的购买欲望。

4.2 品牌宣传文案：传达品牌价值，提升品牌影响力

品牌宣传文案在提升品牌影响力和吸引潜在客户方面具有至关重要的作用。通过生动有趣的宣传文案，企业能够更有效地传达品牌价值观、产品特色及服务优势，进而获得更多关注和支持。

优秀的品牌宣传文案应具备清晰的品牌定位，能够精准传达品牌核心价值，触动人心，从而有效提升品牌形象，增强用户的品牌认知并提升用户的忠诚度。

按照下面的思路，可以快速梳理出生成品牌宣传文案的提示词模板。

① **设定目标**。希望文案达到的效果。

② **明确品牌定位**。这有助于在用户心中建立清晰的品牌形象。

③ **梳理品牌价值**。确保品牌宣传文案能够准确传达品牌价值及独特性。

④ **补充要求**。补充用户的评价或反馈、文案的篇幅、语言风格、情感共鸣等要求。

品牌宣传文案提示词模板 1

写一篇能够准确传达品牌价值、吸引目标用户并引发用户情感共鸣的品牌宣传文案，使其能在社交媒体、品牌官网等平台广泛传播。

要求如下：

1. 突出品牌核心价值，让受众快速理解品牌的独特性；

2. 语言简洁凝练，200字以内，适合多平台传播；

3. 具有故事性，能够引发用户共鸣，增强品牌认同感；

4. 自然融入用户评价或社会认可，增强可信度。

> 品牌信息如下。
>
> 品牌名称：［品牌名称］
>
> 品牌定位：［基于消费群体、功能、产品特性……］
>
> 品牌核心价值：［基于情感、文化、使命、愿景……］
>
> 用户评价：［列举用户对于品牌的评价］

【案例 1】秋叶品牌宣传文案

❓ 用户提问

写一篇能够准确传达品牌价值、吸引目标用户并引起用户共鸣的品牌宣传文案，使其能在社交媒体、品牌官网等平台广泛传播。

要求如下：

1. 突出品牌核心价值，让受众快速理解品牌的独特性；

2. 语言简洁凝练，300 字以内，适合多平台传播；

3. 具有故事性，能够引起用户共鸣，增强品牌认同感；

4. 自然融入用户评价或社会认可，增强可信度。

品牌信息如下。

品牌名称：秋叶。

品牌定位：国内领先的职场办公技能内容供应商。

品牌核心价值：为职场人提供更省钱、更高效的教育和服务。

用户评价：和秋叶一起学，是我过去十年的唯一选择。

● AI 的回答

【十年职场路，秋叶陪你加速成长】

职场十年，为何我始终选择秋叶？

当 PPT 卡在凌晨一点的办公室，当 Excel 成为晋升的拦路虎，秋叶用"高效"破局——专业导师拆解实战技巧，浓缩千家企业的办公智慧，帮学员实现升职加薪。

当动辄数千元的培训费令人望而却步，秋叶以"省心"破题—— 仅需一杯咖啡的价格即可解锁全年进阶课，30 万职场人验证的性价比之选。"跟着秋叶学，工资翻倍"，这是老学员的真心话。

从 Word"小白"到培训师，从新人到主管，我们见证每位职场人的成长。没有华而不实的承诺，只有看得见的成长。省下的是时间与金钱，获得的是永远不被淘汰的底气。

加入秋叶，让成长的学费不再昂贵。

文案亮点

1. 核心价值可视化：用"凌晨一点的办公室"场景触发共鸣，"一杯咖啡的价格"强化省钱。

2. 数据背书："30 万职场人"提升可信度。

3. 用户证言自然植入：直接引用并深化"十年选择"的忠诚度。

4. 情感激励：通过"小白"成长为培训师的经历，塑造职场进化故事。

5. 平台适配性：首句设问式开场适配社交媒体互动，结尾金句适合多平台传播。

（以上内容由 DeepSeek 生成）

这篇品牌宣传文案言简意赅，有效地传达了秋叶品牌的核心价值观和定位，同时也有个性化的情感表达，巧妙地引起了目标用户的共鸣。

根据不同的场景，AI 能够生成符合不同需求的品牌宣传文案，下面的这个品牌宣传文案提示词模板重点突出品牌发展历程。

品牌宣传文案提示词模板 2

　　写一篇精准传达品牌价值、吸引目标用户并引起用户共鸣的品牌宣传文案。

　　要求如下：

1. 文案包含品牌的历史、愿景和使命，以展示品牌的连贯性和一致性；

2. 文案应满足目标用户的阅读喜好和需求，以引起他们的兴趣和共鸣。

　　品牌信息如下。

　　品牌名称：［品牌名称］

　　品牌理念 / 价值观：［品牌理念 / 价值观］

　　品牌使命：［品牌使命］

　　品牌历史：［按照时间线梳理品牌的历史事件］

【案例 2】秋叶品牌宣传文案

❓ *用户提问*

写一篇精准传达品牌价值、吸引目标用户并引起用户共鸣的品牌宣传文案。

要求如下：

1. *文案包含品牌的历史、愿景和使命，以展示品牌的连贯性和一致性；*

2. *文案应满足目标用户的阅读喜好和需求，以引起他们的兴趣和共鸣。*

品牌信息如下。

品牌名称：秋叶。

品牌价值观：客户第一、专业为本、持续精进。

品牌使命：为职场新人提供"更省钱＋更高效"的学习方案。

品牌历史：秋叶是在国内职场技能教育领域有影响力的品牌，总部在湖北武汉，以"让学习简单有趣，让工作轻松高效"为终极使命，致力于成为国内领先的职场技能教育和服务供应商，帮助组织和个人持续成长。

2014 年　成立产品研发部，启动网课产品研发、销售、推广，并构建了系列新媒体矩阵。

2016 年　成立社群运营事业部，启动新媒体图书出版业务，创建学习社群运营机制，研发职场软技能培训机制。

2017 年　成立图书出版事业部，孵化和培养图书作者，打造图书创作闭环。

2018 年　成立企业培训事业部，为企业客户提供办公效率提升、新媒体营销训练等综合服务。

2019 年　成立训练营事业部，全面启动职场技能在线训练营服务。

2020 年　打造"和秋叶一起学"品牌，成立设计事业部，提供 PPT 设计服务。

2021 年　成立电商事业部，全面打通知识产品供应链。

2022 年　开办秋叶书友会，围绕直播升级知识产品运营模式。

2023 年　全面拥抱 AI。

● AI 的回答

【十年磨砺，只为照亮你的职场第一步】

从武汉一间工作室到服务百万职场人，秋叶用十年回答一个问题：如何让成长更省时省钱？

2014 年，知识付费还是陌生词汇，我们已研发职场网课矩阵；2017 年孵化原创图书作者时，"Excel 7 天速成"正改变无数新人命运；2020 年"和秋叶一起学"品牌诞生，至今已形成从 PPT 设计到 AI 办公的全方位解决方案。历经十年开拓，秋叶一步步构建起职场进阶的"高速路"。

"客户第一"不是口号，是 30 万学员验证的承诺：专业导师团每季度迭代课程；社群伴学机制确保"小白"7 天就掌握核心技能。正如学员所说："秋叶总比市场快半步，当年学的 PPT 逻辑，现在可直接用于 AI 办公。"

从纸质教程到 AI 训练营，变的是技术，不变的是"让学习简单有趣"的初心。今天，我们带着十年沉淀的职场生存智慧，等你踏上这条高效成长路径——这里没有昂贵的试错成本，只有稳稳的职场加速度。

（以上内容由 DeepSeek 生成）

这篇品牌宣传文案不仅仅展现了品牌的历史、使命，还针对目标用户（职场新人）"怕贵""怕慢"的痛点，强化"省时省钱"的品牌策略。

4.3　活动宣传文案：提高销量，事半功倍

一篇引人入胜、富有创意的活动宣传文案，不仅可以提升品牌形象，使品牌在众多竞争对手中脱颖而出，还能吸引用户的关注，激发用户的购买欲望，提高销量，从而实现销量的快速增长。

针对不同类型的品牌、活动和目标用户，需要撰写不同风格和内容的活动宣传文案。这一节主要介绍如何利用 AI 为一场活动撰写有吸引力的活动宣传文案，从而提高活动的人气，增加产品销量。

按照下面的思路，可以梳理出生成活动宣传文案的提示词模板。

①**设定目标**。希望文案达到的效果。

②**梳理活动信息**。活动信息包括但不限于活动主题、时间、地点、亮点、流程、参与方式、优惠信息等。

③**补充要求**。强调用户参与活动的好处等。

活动宣传文案提示词模板 1

写一篇高度吸引人的活动宣传文案，要求如下：

1. 紧扣活动主题，语言富有吸引力，能激发目标用户的兴趣；

2. 结构清晰、重点突出，确保关键信息易读易理解；

3. 能够引起共鸣或具有号召力，鼓励用户主动报名或参与；

4. 篇幅控制在 500 字以内，语言简练、富有营销效果。

以下是活动信息。

活动主题：［概括活动内容或核心目的］

活动时间与地点：［日期、时间和地点］

活动亮点：［突出活动的特色，如嘉宾阵容、特别环节、福利／奖励等］

活动流程：［简要描述活动的主要环节，让参与者有清晰的预期］

参与方式：［如在线报名链接、联系方式或线下报名方式］

特别福利：［如果有礼品、限时折扣、满减等吸引人的信息，请列出具体内容］

【案例 1】创新科技大会活动宣传文案

❓ *用户提问*

写一篇高度吸引人的活动宣传文案，要求如下：

1. 紧扣活动主题，语言富有吸引力，能激发目标用户的兴趣；

2. 结构清晰、重点突出，确保关键信息易读易理解；

3. 能够引起共鸣或具有号召力，鼓励用户主动报名或参与；

4. 篇幅控制在 600 字以内，语言简练、富有营销效果。

以下是活动信息。

活动主题：AI 营销创新峰会 2025

活动时间与地点：2025 年 9 月 15 日 13:00-18:00 北京·国家会议中心

活动亮点：

全球前沿 AI 营销趋势解析（DeepSeek AI 研究团队带来最新行业报告）；

顶级大咖分享实战经验（邀请字节跳动、腾讯、阿里巴巴等企业营销高管分享案例）；

AI 工具实操演示（现场体验 AI 营销工具，提高广告转化率）；

社交环节（与千位行业精英零距离，拓展商业人脉）。

活动流程：

13:00-13:55 | 入场签到，AI 营销工具体验

14:00-15:30 | 行业趋势报告，圆桌讨论

15:35-16:00 | 休息，互动交流

16:05-17:30 | 大咖分享，AI 营销实战解析

17:35-18:00 | 自由交流，现场抽奖

参与方式：访问官网 www.★.com 立即报名

特别福利：早鸟票 9 折优惠（7 月 30 日前报名）；限量 VIP 席位，赠送《AI 营销创新白皮书》；现场抽奖，赢取 AI 写作工具高级会员资格。

【AI 营销创新峰会 2025】倒计时开启！ ❇

未来已来，你的营销策略准备好了吗？

📅 时间：2025 年 9 月 15 日 13:00—18:00

📍 地点：北京·国家会议中心

🔥 早鸟票 9 折限时抢！7 月 30 日前报名享专属福利

🚀 为什么你必须参加？

1. 全球趋势一网打尽

DeepSeek AI 研究团队首发"2025 全球 AI 营销趋势报告"，揭秘行业风向标，助你抢占先机！

2. 顶级大咖实战分享

字节跳动、腾讯、阿里巴巴等头部企业高管亲临现场，拆解千万级销售额营销案例，教你用 AI"引爆"转化率！

3. AI 工具零距离体验

现场实操 AI 营销黑科技，从智能文案生成到精准投放，手把手教你提升 ROI！

4. 千位精英深度链接

与行业领袖、创新先锋共谋合作机遇，拓展高价值人脉圈！

⏳ 超燃议程，干货拉满

13:00—13:55 → 签到体验：抢先试用 AI 工具，感受科技魔力

14:00—15:30 → 趋势解码：圆桌论坛激辩 AI 营销未来

15:35—16:00 → 灵感碰撞：咖啡时光邂逅行业伯乐

16:05—17:30 → 实战秘籍：大咖拆解"从 0 到 1"的 AI 增长密码

17:35—18:00 → 狂欢收官：抽奖赢 AI 工具会员＋自由交流

🎁 专属福利，错过再无

✔ 早鸟票直降 10%：7 月 30 日前锁定席位立省千元！

✔ VIP 限量礼包：赠价值 999 元的《AI 营销创新白皮书》（仅限前 100 名）

✔ 幸运大奖：抽 10 名参会者送 AI 写作工具年度高级会员！

🔥 立即行动，定义未来

👉 报名通道：www.*.com

⏰ 早鸟票时限：7 月 30 日 24:00 截止！

📢 转发海报至朋友圈，额外获赠行业人脉对接服务！

AI 重塑营销，唯快不破！

9 月 15 日，与千位变革者同行，用 AI 解锁无限商业可能！

🚀 席位告急，点击报名，抢占未来战场入场券！

（以上内容由 DeepSeek 生成）

　　这篇活动宣传文案通过吸引人的主副标题、详细的活动信息和明确的行动号召，全面传达了活动的核心价值和亮点。

　　还有一类规模小、规则比较简单的活动宣传文案，同样可以借助 AI 生成，以社群活动为例，我们也总结了一个活动宣传文案提示词模板。

活动宣传文案提示词模板 2

　　角色：你是一位社群运营专家。

　　目标：撰写一篇吸引人的社群活动宣传文案，明确传达活动信息，激发用户参与的欲望。

　　要求：活动宣传文案需要简洁明了，重点突出，避免冗长和复杂。

　　根据以下信息，写一篇活动宣传文案，篇幅在 200 字以内，能够吸引用户参与活动。

1. 活动主题：[明确活动的核心内容或目的]

2. 内容与时间：[活动的内容、日期、开始和结束时间，确保用户知道何时参加]

3. 参与方式：[如何报名参加活动，包括报名链接、联系方式或现场报名方式]

【案例 2】夏日狂欢活动宣传文案

❓ 用户提问

角色：你是一位社群运营专家。

目标：撰写一篇吸引人的社群活动宣传文案，明确传达活动信息，激发用户参与的欲望。

要求：活动宣传文案需要简洁明了，重点突出，避免冗长和复杂。根据以下信息，写一篇活动宣传文案，篇幅在 200 字以内，能够吸引用户参与活动。

1. 活动主题：8·18 夏日狂欢夜。

2. 内容与时间：户外电影、烧烤、音乐表演，8 月 18 日 18:00 至 23:00。

3. 参与方式：群内接龙，今天 21:00 截止。

● AI 的回答

【8·18 夏日狂欢夜】火热来袭！🍖🎪

户外电影、烧烤盛宴、音乐狂欢，你想要的夏日元素都在这里！🎆

8 月 18 日晚，让我们齐聚一堂，共享这份独特的夏日乐趣！

参与方式：群内接龙报名，截止时间为今天 21:00！

名额有限，先到先得！错过可就要等到明年啦！

快叫上你的小伙伴，一起玩耍到天亮！

赶紧行动吧，这个夏天一起躁起来！

（以上内容由腾讯元宝生成）

　　这篇活动宣传文案满足了简洁明了、重点突出的要求，有一定的号召力，能够激发用户的参与热情。如果想要进一步提升活动宣传效果，可以用图片搭配文案，制作活动海报，让活动更加吸引人。

4.4 电商带货文案：快速建立信任，激发用户购买欲

　　面对繁多的电商平台和不同的用户群体，如何撰写既能吸引用户阅读又能引导用户下单的电商带货文案，是许多电商从业者面临的挑战。

　　电商带货文案的创作涉及多方面的因素，包括产品卖点、用户需求、市场趋势等。在这种情况下，运用 AI 能够更高效地撰写出吸引力十足的电商带货文案，从而达到更好的营销效果。

　　以下是撰写电商带货文案的几个关键思路。

　　①**挖掘产品卖点**。要从产品的实际出发，找出其卖点，并详细介绍这些卖点。

　　②**分析用户痛点**。痛点指用户未能被充分满足的而又迫切需要被满足的需求。

　　③**刺激促单**。可以使用一些使人有紧迫感的语言，如限时优惠、数量有限等，促使用户尽快下单。

电商带货文案提示词模板

请根据以下信息写一篇电商带货文案，文案应包括产品名称、产品介绍、产品卖点、痛点分析、优惠信息、行动号召等。电商带货文案应能激发客户购买欲望、清晰传达产品卖点并引导用户完成购买。

产品名称：[产品名称]

产品介绍：[产品信息]

产品卖点：[产品好处、亮点、特色]

痛点分析：[产品可以满足的用户需求]

优惠信息：[补充产品优惠、折扣、赠品信息]

行动号召：[引导用户购买]

【案例1】智能开关电商带货文案

？用户提问

请根据以下信息写一篇电商带货文案，文案应包括产品名称、产品介绍、产品卖点、痛点分析、优惠信息、行动号召等。电商带货文案应能激发用户购买欲望、清晰传达产品卖点并引导用户完成购买。

产品名称：小滴智能开关。

产品卖点：远程控制家电、安全监控、智能照明、语音助手。

痛点分析：手机一键操作，家中的家电随您掌控；实时保障家庭安全；根据需求自动调节灯光，让每个角落都温馨舒适；动动嘴就能轻松操控，享受科技带来的便利。

优惠信息：新品上市，现在购买享受8折优惠。

行动号召：引导用户购买。

（新品首发）智能开关，家居生活的智慧升级！

想象一下，无论身在何处，只需轻轻一触，家中的灯具、电器便能随心掌控。

小滴智能开关是一款革命性的家居控制开关，让您的生活更加智能、舒适。

产品介绍

· 远程控制家电：手机在手，家中灯具、电器任您掌控。

· 安全监控：实时保障家中安全，智能报警系统让您安心无忧。

· 智能照明：根据您的需求自动调节灯光亮度与色温，让家中每个角落都温馨又舒适。

· 语音助手：动动嘴就能轻松操控家中设备，享受科技带来的便利。

产品卖点

· 忙碌一天归来，是否希望家中的灯光已为您点亮，用温馨迎接您？

· 出差在外，是否担心家中安全，渴望实时了解家中情况？

· 夜晚起床，是否希望灯光能自动调节，避免刺眼？

· 双手忙碌，是否希望说一句话就能控制家中的设备？

优惠信息

新品上市，现在购买即享受 8 折优惠！把握机会，让小滴智能开关成为您智能生活的起点。

行动号召

不要犹豫，立即加入享受智能家居的行列！点击下方购买链接，开启您的智能生活新篇章。

（以上内容由 Kimi 生成）

这篇电商带货文案涉及多个场景，很好地融合了产品特性、用户需求、优惠信息和行动号召，完成了一次完整的营销信息传递，吸引潜在用户下单。

另外，还可以从用户评价和见证的角度写电商带货文案。

【案例 2 】便携式果汁机电商带货文案

❓ 用户提问

你是一位具有敏锐市场洞察力的电商带货文案专家，擅长通过生动的描述和真实的用户反馈吸引用户。

现在根据以下产品的信息，写一篇电商带货文案。

产品名称：便携式果汁机。

产品功能：快速榨汁、便携设计、USB 充电。

产品特色：轻巧便捷、易清洗。

用户体验：方便好用，随时补充维生素。

客户评价：

"这款果汁机真的太方便了，早上出门前随手一榨，带到公司正好。"——用户 A

"便携式设计非常适合我的健身生活，我在锻炼后能随时喝到新鲜果汁。"——用户 B

优惠信息：现在购买享受 30% 优惠。

● AI 的回答

【唤醒清晨的第一缕鲜活】

想象一下，晨光微露，只需轻轻一按，便携式果汁机瞬间化身为您的健康小秘书。新鲜水果遇上它的魔力，瞬间化作一杯清甜可口、富含维生素的果汁。用户 A 亲测推荐："这款果汁机真的太方便了，早上出门前随手一榨，带到公司正好。"它让您的每一天都从满满的活力与清新开始，您值得拥有！

【健身达人的活力补给站】

无论是健身房挥汗如雨的瞬间，还是户外徒步的时光，便携式果汁机都是您的能量伙伴。它的便携式设计完美贴合您的健身生活，正如用户 B 所言："便携式设计非常适合我的健身生活，我在锻炼后能随时喝到新鲜果汁。"随时随地补充流失的水分与营养，面对每一次挑战都更加游刃有余。

【USB 充电，自由无界】

告别插座限制，便携式果汁机采用 USB 充电设计，无论是电脑、充电宝还是车载充电器，都能轻松为其续航。无论是在家中、办公室还是旅途中，您都能随心所欲地享受鲜榨果汁的乐趣，自由无界，畅享生活每一刻。

【一冲即净，轻松无忧】

告别烦琐的清洗步骤，便携式果汁机采用创新设计，拆卸轻松，一冲即净。省时省力，每一次使用后都能迅速恢复整洁。

【限时特惠，不容错过】

现在下单，即可享受30%的超值优惠！面对如此高性价比的健康好物，怎能不心动？让便携式果汁机成为生活中的小确幸，助您开启一场说走就走的鲜活之旅！

立即行动，让新鲜与便捷同行，让生活更加精彩！

（以上内容由文心一言生成）

通过上面的案例可以看出，电商带货文案需要通过突出产品核心卖点和用户真实评价，使目标用户迅速建立对产品的信任；结尾加上促销信息和发出行动号召，可以激发用户的购买欲望。用好这两种 AI 提示词模板，你也可以快速高效地生成满足不同需求的电商带货文案。

4.5 品牌故事：与用户建立情感联系

几乎所有的经典品牌都有自己的故事，品牌故事在营销策略中可以帮助企业与用户建立情感联系，提高品牌认知度和用户忠诚度。一个引人入胜的品牌故事可以使用户更加信任品牌，从而促使他们成为品牌忠实的支持者。

通过 AI，我们可以更快速地梳理品牌故事的核心元素，找到使用户产生共鸣的切入点。

以下是撰写品牌故事的几个关键思路。

①**品牌发展起源**。讲述品牌创立的初衷和背后的故事，让用户了解品牌如何诞生。

②**品牌价值观**。阐述品牌所坚持的价值观，这些价值观应契合用户的价值观，从而引起用户共鸣。

③**用户故事**。讲述用户与品牌之间的故事，展示品牌如何帮助用户解决问题，增加用户的归属感和忠诚度。

④**愿景和使命**。阐述对品牌未来的畅想和品牌存在的价值。

> **品牌故事提示词模板**
>
> 请根据以下信息，帮我写一篇品牌故事，包括品牌名称、品牌起源、品牌使命、品牌精神、用户故事、品牌愿景，创造一个引人入胜的

品牌故事。

　　品牌名称：[品牌名称]

　　品牌起源：[品牌创立和发展]

　　品牌使命：[品牌的价值观、理念、使命等]

　　品牌精神：[品牌承载的精神]

　　用户故事：[用户与品牌之间的故事、用户评价、用户案例]

　　品牌愿景：[品牌向往的未来]

【案例1】化妆品品牌故事

❓ 用户提问

请根据以下信息，帮我写一篇品牌故事，要求能够展现品牌独特调性、传递品牌价值观、增强与用户的情感连接，创造一个引人入胜的品牌故事。

品牌名称：天然美肌。

品牌起源：品牌创始人在探索天然、健康的护肤方式时，发现市场上很多护肤品的化学成分对皮肤和环境的伤害很大，决心创立一个天然护肤品牌。

品牌使命：提供纯天然护肤产品，呵护每一寸肌肤，保护地球环境。

品牌精神：纯净、健康、关爱、环保。

用户故事：用户分享使用天然美肌产品后的皮肤得到改善的故事，比如……

品牌愿景：成为全球领先的天然护肤品牌，持续创新，推广健康护肤理念。

【天然美肌】——纯净之肤，自然之爱

都市生活中，人们的皮肤承受着来自环境和化学成分的双重压力。然而，有一位梦想家，她对自然和纯净的渴望引领她踏上了一段非凡的旅程。她就是【天然美肌】的创始人，一个对美有着独特见解的女性，她的故事是关于自然、健康和爱的传奇。

品牌起源

品牌的创立始于一个简单而深刻的信念：皮肤，作为身体最大的器官，应该得到最天然、最温柔的呵护。品牌创始人在探索天然、健康的护肤方式时，发现市场上充斥着包含大量化学成分的产品，这些产品不仅对皮肤造成伤害，也对环境保护造成了负担。于是，她决心创立一个全新的品牌——【天然美肌】，一个致力于提供纯天然护肤产品的品牌。

品牌使命

【天然美肌】的使命是提供纯天然的护肤产品，呵护每一寸肌肤，同时保护我们赖以生存的地球环境。我们相信，真正的美丽来自自然，来自健康的皮肤和清澈的心灵。

品牌精神

纯净、健康、关爱、环保——这 4 个词构成了【天然美肌】的品牌精神。我们致力于创造纯净的产品，推广健康的生活方式，关爱每一位用户，同时不忘对环境保护的责任。

用户故事

在【天然美肌】的大家庭中，每一位用户都有自己的故事。他们分享使用天然美肌产品后皮肤得到改善的喜悦，讲述肌肤重焕光彩的奇迹，比如……这些故事是对我们最大的鼓励和支持，也是我们不断前进的动力。

品牌愿景

【天然美肌】的愿景是成为全球领先的天然护肤品牌。我们将持续创新，不断探索自然界的奥秘，将更多的天然成分融入我们的产品中。我们希望推广健康的护肤理念，让更多人了解并享受到天然护肤带来的益处。

天然美肌，不仅是一个品牌，更是一种生活态度。

我们相信，通过我们的努力，更多人可以感受到自然的力量，享受到健康肌肤带来的自信和快乐。让我们一起，用【天然美肌】迎接每一个清新的早晨，拥抱每一个纯净的夜晚。

（以上内容由 Kimi 生成）

这篇品牌故事展示了【天然美肌】的品牌起源、品牌使命、品牌精神、用户故事和品牌愿景，传递了品牌对自然、健康和爱的坚持，让品牌更加立体和人性化。

为了让故事性更强，我们可以对 AI 提出强化故事性的要求。

【案例 2】服饰品牌故事

❓ *用户提问*

请根据以下信息，帮我写一篇品牌故事，使用故事化的叙述，包括品牌起源、品牌价值观、用户故事、品牌愿景。

品牌名称：绿野。

品牌起源：品牌创始人在 2002 年因一次森林旅行的经历，决心保护自然，创立了环保时尚品牌绿野，每年推出环保系列服装，市场反响热烈，受到环保人士和时尚达人的喜爱。

品牌价值观：环保、可持续、创新、责任。

用户故事：除了认同品牌的环保理念和获得高质量产品，很多人表示愿意为环保贡献一份力量，参与品牌方定期组织的环保公益活动。

品牌愿景：环保与时尚结合，可持续的生活方式得到全面普及。

● AI 的回答

【绿野】——时尚与自然的和谐交响

在 2002 年的一个清晨，阳光透过层层绿叶的间隙，洒在一位旅行者的身上。他站在森林的深处，被自然的壮丽深深打动。那一刻，他下了一个决心：要守护这份美丽和宁静，让更多人感受自然的力量。于是，"绿野"诞生了，一个以环保为灵魂、时尚为外衣的传奇故事就此展开。

绿野的故事始于一次深刻的自然体验。品牌创始人在森林旅行中领悟到自然的宝贵，决心将这份领悟转化为行动。他相信，时尚可以是一种力量，一种推动社会向更加环保、更加可持续的方向发展的力量。因此，绿野不仅仅是一个品牌，更是一种生活态度，一种对自然深深的敬意。
…………

绿野，让时尚与自然同行，让生活与地球共呼吸。

（以上内容由 Kimi 生成，有删改）

让 AI 撰写品牌故事时，使用真实案例，强化故事性，可以让用户感受到品牌的力量和温度，更能激发用户对品牌的信任。

4.6　企业宣传册：全面展示企业文化和产品服务

企业宣传册作为企业宣传和推广的重要载体，对于塑造企业形象、展示企业文化具有重要作用，从而让潜在客户和合作伙伴更好地了解企业的价值观和经营理念。

虽然制作企业宣传册的流程比较复杂，但是现在通过 AI，文案创作者可以快速搭建符合企业特点的企业宣传册基础框架，并在该框架上进行设计和优化，大大提升制作效率。

以下是制作企业宣传册的几个关键思路。

①**设定角色和目标**。通常将 AI 设定为内容策划专家，擅长给企业做宣传策划。

②**提供企业基础信息**。提供企业的名称、简介、文化、历史、定位等基本信息。

③**明确产品和服务**。详细介绍产品和服务的特点、优势。

④**提供客户案例**。提供成功的客户案例和客户的评价。

企业宣传册提示词模板

你是一位具有创意思维和市场洞察力的内容策划专家，能够将复杂的信息以简洁、吸引人的方式呈现。

请根据以下信息，帮我设计一份内容丰富、结构合理、符合企业形象的宣传册，以提升品牌形象并促进产品销售。

企业基础信息：［名称、简介、企业文化、市场定位、价值观］

产品和服务：［企业提供的产品和服务的内容］

客户案例：［成功的客户案例］

【案例】科技企业宣传册

❓ *用户提问*

你是一位具有创意思维和市场洞察力的内容策划专家，能够将复杂的信息以简洁、吸引人的方式呈现。

请根据以下信息，帮我设计一份内容丰富、结构合理、符合企业形象的宣传册，以提升品牌形象并促进产品销售。

企业基础信息：名称——未来科技；简介——成立于

2010 年，是一家专注于人工智能和物联网技术的高科技公司；企业文化——创新、诚信、共赢；市场定位——智慧生活；价值观——技术驱动未来，诚信赢得市场，共享科技成果。产品和服务：AI 解决方案、智能家居系统、工业物联网平台。客户案例：与多家世界 500 强企业合作，成功实施多个智慧城市项目。

● **AI 的回答**

宣传册：《未来科技·智启未来》

封面设计

标题： 采用大号、现代感强的字体，用金色或银色烫印"未来科技·智启未来"，下方配以简洁的企业 Logo，背景采用深蓝色星空渐变图案，寓意科技与未来的无限可能。

副标题： 采用小号字体，置于标题下方，内容为"创新引领，智绘生活新篇章"，体现企业核心价值观和市场定位。

目录

企业概览

文化基石

智慧产品

成功案例

合作邀请

联系我们

第一部分：企业概览

成立时间： 简单介绍"未来科技，自 2010 年启程，深耕人工智能与物联网技术领域"。

企业简介： 用精练的语言概述企业的业务领域、市场地位及愿景，如"作为人工智能与物联网技术的领航者，未来科技致力于以技术创新推动智慧生活变革"。

第二部分：文化基石

企业文化： 以图标和简短文字的形式展示"创新、诚信、共赢"三大理念，每个理念配以简短故事或案例说明其如何在企业实践中体现。

核心价值： 突出展示"技术驱动未来，诚信赢得市场，共享科技成果"，强调进行技术创新的同时，不忘诚信经营与社会责任。

第三部分：智慧产品

AI 解决方案： 图文并茂地介绍 AI 解决方案的核心优势、应用场景（如智慧城市管理、智能客服等），配以高清晰度的产品界面截图或应用场景示意图。

智能家居系统： 模拟生活场景，展示智能家居系统如何提升生活品质，如智能灯光控制系统、环境自适应系统等，强调便捷性与智能化。

工业物联网平台： 聚焦于提升生产效率、优化资源配置等方面，通过数据图表、客户评价展示平台应用成果，吸引工业领域潜在客户。

第四部分：成功案例

与世界 500 强企业合作： 精选 2~3 个具有代表性的与世界 500 强企业合作的案例，简述合作背景、项目成果及对双方的积极影响。

智慧城市项目： 详细展示一两个成功实施的智慧城市项目，通过前后对比、客户反馈、媒体报道等多个角度展现未来科技在推动社会进步方面的贡献。

第五部分：合作邀请

合作愿景： 阐述未来科技对于合作伙伴的期待，强调合作共赢的重要性。

合作方式： 提供多种合作方式（如技术授权、联合研发、项目定制等），并附上简单的合作流程介绍。

成功案例分享会： 邀请潜在合作伙伴参加线上／线下分享会，使其深入了解成功案例，促进交流合作。

第六部分：联系我们

联系方式： 详细列出公司地址、电话、邮箱、官网及社交媒体账号二维码，便于客户快速与企业取得联系。

客户支持： 介绍客户服务体系，包括技术支持、售后服务等内容，增强客户信心。

封底设计

品牌口号： "携手未来科技，共创智慧生活"，简洁有力，加深客户对品牌的印象。

设计元素： 与封面相呼应的星空元素，加上企业 Logo 和网址，保证整体风格的统一性，提升品牌辨识度。

（以上内容由文心一言生成）

AI 帮我们搭建了一个企业宣传册的基础框架，接下来，我们只需要将对应的内容补充完整，增加可视化的元素，进行排版设计，一份结构完整、内容丰富的企业宣传册就基本上完成了。

4.7 产品手册：介绍产品，提升用户满意度

产品手册是企业向用户传达产品信息的重要载体。一份清晰、详细的产品手册不仅可以帮助用户快速了解产品功能和特色，还能为用户提供解决方案，提升用户的使用体验和满意度。

通过 AI，我们可以更高效地编写产品手册，使其内容更具吸引

力和实用性。以下是撰写产品手册的几个关键思路。

①**产品概述**。简要介绍产品的核心功能和优势，帮助用户快速了解产品的主要特点。

②**详细功能说明**。逐一介绍产品的各项功能，解释每项功能的具体用途和使用方法。

③**使用案例**。提供实际使用案例，展示产品如何在真实场景中解决用户的问题。

④**常见问题解答**。针对用户常见的疑问提供解答，帮助用户快速解决使用过程中遇到的问题。

产品手册提示词模板

请根据以下信息，写一份产品手册，内容包括产品名称、产品概述、详细功能说明、使用案例和常见问题解答。

产品名称：[产品名称]

产品概述：[产品的核心功能和优势]

详细功能说明：[产品的各项功能及其具体用途和使用方法]

使用案例：[实际使用案例，展示产品在真实场景中的应用]

常见问题解答：[用户常见问题及其解答]

【案例】AI 智能助手产品手册

❓ 用户提问

请根据以下信息，写一份产品手册，内容包括产品名称、产品概述、详细功能说明、使用案例和常见问题解答。

产品名称：AI 智能助手。

产品概述：AI 智能助手是一款集成多种人工智能技术的

App，旨在为用户提供高效、便捷的日常辅助功能。其核心功能包括语音识别、文本处理和智能推荐系统，能够大幅提升用户的工作效率和生活质量。

详细功能说明如下。

语音识别：AI智能助手能够准确识别用户的语音指令，支持多种语言，提供语音转文字、语音搜索等功能。

文本处理：通过自然语言处理技术，AI智能助手可以理解用户的复杂指令和问题，并提供精准的回答。

智能推荐系统：根据用户的使用习惯和偏好，AI智能助手能够智能推荐相关内容和服务，提升用户体验。

使用案例如下。

语音助手：用户可以通过语音指令控制智能家居设备，如开关灯、调节室内温度等，提高生活的便利性。

工作助手：在工作中，AI智能助手可以帮助用户安排日程、发送邮件、查找资料，显著提升工作效率。

常见问题解答如下。

AI智能助手支持哪些语言？

AI智能助手目前支持包括英语、中文在内的多种语言，并且能够识别多种方言。

如何启用智能推荐功能？

用户只需在设置中开启智能推荐功能，AI智能助手会根据用户的使用习惯和偏好进行内容推荐。

AI智能助手的用户数据是否安全？

我们采取了严格的数据加密和隐私保护措施，确保用户数据的安全性。

AI 智能助手产品手册

产品概述

AI 智能助手是一款集多种人工智能技术于一体的 App，专为追求高效、便捷生活的现代用户设计。它深度融合了语音识别、文本处理及智能推荐系统等核心功能，旨在全方位提升用户的工作效率与生活品质。无论是日常琐事还是复杂任务，AI 智能助手都能帮助您完成，让您的每一天都轻松愉悦。

详细功能说明

一、语音识别

1. 精准识别：采用先进的语音识别技术，能够准确无误地捕捉并理解用户的语音指令，即使在嘈杂环境中也能保持高识别率。

2. 多语言支持：不仅支持标准的英语和中文，还支持多种方言，满足不同用户的语言习惯和需求。

3. 语音转文字：将用户的语音指令即时转换为文字，便于记录或进一步处理。

4. 语音搜索：通过语音快速发起搜索请求，无论是查询天气、新闻还是设置提醒，一切尽在"声"控之中。

二、文本处理

1. 深度理解：利用复杂的自然语言处理算法，AI 智能助手能够深入理解用户的复杂指令和疑问，提供人性化的回答。

2. 智能问答：无论是询问时间、查询路线还是解答专业问题，AI 智能助手都能给出准确、清晰的答案。

3. 情感分析：AI 智能助手具备一定的情感识别能力，能感知用户的情绪变化，提供更加贴心、个性化的交流体验。

三、智能推荐系统

1. 个性化推荐：基于用户的使用历史、偏好及当前情境，智能推荐合适的内容、服务或产品，提升用户满意度。

2. 持续优化：随着用户数据的积累，推荐算法不断学习优化，确保推荐内容始终精准有效。

…………

使用案例

一、语音助手

场景描述：忙碌的早晨，您躺在床上，只需轻轻说出"早上好，打开窗帘，设定咖啡机"，AI 智能助手便能迅速响应，逐一完成指令，让您的早晨更加从容不迫。

二、工作助手

场景描述：作为项目经理，您需要高效管理日程与团队。通过 AI 智能助手，您可以轻松安排会议、自动发送会议邀请邮件给团队成员，并在需要时快速查找项目相关文档，极大地提升了工作效率和团队协作能力。

…………

常见问题解答

Q:AI 智能助手支持哪些语言？

A:AI 智能助手目前支持包括英语、中文在内的多种国际主流语言，并具备识别多种方言的能力，以覆盖更广泛的用户群体。

Q: 如何启用智能推荐功能？

A: 启用智能推荐功能非常简单。您只需打开 AI 智能助手的设置界面，找到"智能推荐"选项并开启即可。之后，AI 智能助手便会根据您的使用习惯和偏好进行个性化的内容推荐。

（以上内容由文心一言生成，有删改）

这份产品手册详细地介绍了 AI 智能助手，从产品概述到详细功能说明，再到使用案例和常见问题解答，展现出了产品的核心价值和极佳的用户体验。

随着产品功能的变化，产品手册也需要定期更新，我们可以在此生成内容的基础上提出修改要求，如下所示。

② 用户提问

在产品手册的最后，可以设置一个用户反馈渠道，鼓励用户在使用过程中提出宝贵意见或建议，以便产品团队不断优化和完善产品。

● AI 的回答

用户反馈渠道

我们始终重视每一位用户的意见和建议。为了不断优化和完善产品，我们诚挚邀请您在使用过程中，通过以下渠道向我们反馈您的宝贵想法。

1. 官方网站反馈表单：访问我们的官方网站，找到"用户反馈"专区，填写并提交您的反馈。

2. 客服邮箱：将您的意见和建议发送至我们的客服邮箱（请在手册封底查找具体邮箱地址），我们的客服团队将尽快与您取得联系。

3. 社交媒体：在社交媒体平台上（如微博、微信等），通过私信或评论的方式向我们提出您的反馈。

您的每一条反馈都是我们前进的动力。感谢您对 AI 智能助手的信任与支持！我们将继续努力，为您带来更加优质、智能的产品。

为了便于用户理解和操作，在设计产品手册时，尽量使用简洁明了的语言，必要时可以提供清晰的图示说明。

4.8 市场分析报告：精准制定营销策略

通过全面、精准的市场分析，企业可以深入了解市场动态、竞争对手及目标客户，进而制定出高效的营销策略。市场分析不仅是企业制定营销策略的基础，更是提升企业市场竞争力的关键所在。

借助 AI，企业可以更快速地处理海量数据，从中提取有价值的市场信息，从而优化营销策略。那么，如何利用 AI 进行市场分析，以精准制定营销策略呢？

按照以下思路，可以快速构建出一个有效的市场分析报告框架。

①**收集市场数据**。利用 AI 快速收集市场的各类数据，包括市场规模、增长率、趋势分析、用户行为等。

②**竞争分析**。通过 AI 对竞争对手进行深入分析，了解其市场份额、产品优势、定价策略及营销手段。

③**客户细分**。AI 可以帮助企业精细化地划分目标用户群体，分析不同群体的需求和购买行为，以制定更具针对性的营销策略。

④**预测市场趋势**。通过 AI 对历史数据进行分析，预测市场趋势，从而提前布局。

⑤**策略制定**。基于市场分析的结果，制定出具体的营销策略，涵盖产品定位、定价、推广渠道和营销活动等。

> **市场分析报告提示词模板**
>
> 角色：你是一位专注于市场研究的分析专家，擅长挖掘市场趋势和竞争情报，为企业制定精准的营销策略。
>
> 目标：通过全面的市场分析，为企业提供准确的市场洞察结果，帮助其制定精准的营销策略，提升企业市场竞争力。

市场分析报告的结构如下。

1. 市场数据收集：市场规模、趋势，用户行为等。

2. 竞争分析：竞争对手的市场份额、产品优势、营销策略。

3. 用户细分：不同用户群体的需求和行为分析。

4. 市场趋势预测：分析市场未来的发展。

5. 策略制定：基于市场分析结果的营销策略。

要求：市场分析报告应严谨、客观，语言专业但易于理解，结果要具有实际指导意义，并能够应用于企业的营销实践。

我需要分析的是 [产品名]

【案例】AI 智能眼镜市场分析报告

❓ 用户提问

角色：你是一位专注于市场研究的分析专家，擅长挖掘市场趋势和竞争情报，为企业制定精准的营销策略。

目标：通过全面的市场分析，为企业提供准确的市场洞察结果，帮助其制定高效的营销策略，提升企业市场竞争力。

市场分析报告的结构如下。

1. 市场数据收集：市场规模、趋势，用户行为等。

2. 竞争分析：竞争对手的市场份额、产品优势、营销策略。

3. 用户细分：不同用户群体的需求和行为分析。

4. 市场趋势预测：分析市场未来的发展。

5. 策略制定：基于市场分析结果的营销策略。

要求：市场分析报告应严谨、客观，语言专业但易于理解，结果要具有实际指导意义，并能够应用于企业的营销实践。

我需要分析的是 AI 智能眼镜。

● AI 的回答

市场分析报告：AI 智能眼镜

一、市场数据收集

· **市场规模与趋势**

AI 智能眼镜作为可穿戴技术与人工智能融合的产物，近年来市场规模迅速扩大。根据《2024—2030 全球及中国 AI 智能眼镜行业研究及十五五规划分析报告》，全球 AI 眼镜市场……

· **消费者行为**

消费者对 AI 智能眼镜的需求日益多样化，不仅追求产品的时尚性和便捷性，还注重其高科技含量和实用性。年轻人群体、商务人士以及户外运动爱好者是 AI 智能眼镜的主要目标客户群体。他们倾向于选择具备智能交互、高清显示、智能感知以及便携、时尚等特性的产品。

二、竞争分析

· **市场份额**

目前，AI 智能眼镜市场的市场规模约为 ×× 亿元，主要竞争企业包括 ××、××、×× 等国际巨头，以及 ××、×× 等国内知名企业……

· **产品优势与营销策略**

各竞争企业在产品设计、功能、价格等方面存在差异，通过产品差异化和品牌建设提高自身的竞争力。例如……

三、用户细分

· **年轻人群体**

年轻人群体是 AI 智能眼镜的主要消费群体之一，他们追求……

· **商务人士**

商务人士对 AI 智能眼镜的需求主要集中在提高工作效率和便捷性上……

· **户外运动爱好者**

户外运动爱好者则更看重产品的耐用性、防水防尘功能以及……

四、市场趋势预测

· **技术进步**

随着人工智能、增强现实（AR）、虚拟现实（VR）以及 5G 等技术的不断发展，AI 智能眼镜的功能和性能将得到显著提升。例如……

· **应用场景拓展**

AI 智能眼镜的应用场景将不断拓展，涵盖教育、医疗、工业……

· **用户接受度提升**

随着 AI 在各个领域的普及和用户对智能产品认可度的提高……

五、策略制定

· **产品创新**

企业应持续投入研发，推出具有创新性和差异化的产品……

· **品牌建设**

加强品牌建设，提升品牌知名度和美誉度……

· **渠道拓展**

建立完善的销售渠道网络，包括线上电商平台、线下体验店……

· **客户服务**

提供优质的客户服务，包括售前咨询、售后支持……

综上所述，AI 智能眼镜具有广阔的发展前景和巨大的市场潜力……

（以上内容由文心一言生成，有删改）

这篇市场分析报告从市场数据收集到策略制定，逐步引导企业制定精准的营销策略，具有很强的指导性和实操性。通过这样的市场分析，企业可以更好地应对市场变化，提升竞争力。

第 5 章

知识研究型写作

5.1 精华提炼：轻松成为文档压缩高手

在日常工作中，我们经常需要处理大量资料，提取关键信息，进行总结、归纳和应用。但是，任务重，时间紧，如何才能快速完成这种复杂的工作呢？

借助 AI，可以快速处理文本，准确提炼精华，并且对提炼的信息进行整理和总结，让复杂任务变得简单。AI 是提升工作效率、减轻工作负担的得力助手。

按照下面的思路，可以让 AI 快速梳理出长文精华提炼的提示词模板。

①**提取信息**。让 AI 通读提供的长文，梳理信息。

②**深度提炼**。如果想深度了解长文中的某一部分内容，可以让 AI 展开解析。

③**关联应用**。让 AI 在梳理出有用的信息后，介绍这些信息能解决日常工作中的哪些问题。

④**实战场景**。尝试将从长文中提取的信息应用到实际工作和生活，让 AI 提供指导规划。

精华提炼提示词模板 1

（上传长文文档或长文链接）

提取信息。请通读全文，帮我梳理文中的重点信息，并将其用带有小标题的形式罗列出来。

深度提炼。我想深度了解［第 × 章的内容］所提到的概念、观点、方法和实操建议，请帮我详细解析。

关联应用。这篇长文主要能够解决哪些问题？我在日常工作中可以

将其应用到哪些方面？请以小标题的形式罗列出来。

实战场景。我是 [××] 领域从业者，想利用本书中提到的方法提升工作技能，请根据文中内容帮我生成实操指导方案。

【案例 1】《个人品牌 7 堂课》全书精华提炼

？ 用户提问

（上传《个人品牌 7 堂课》文档）

提取信息：请通读本书，帮我梳理书中重点信息，并将其用带有小标题的形式罗列出来。

深度提炼。我想深度了解本书第 7 章所提到的概念、观点、方法和实操建议，请帮我详细解析。

关联应用。《个人品牌 7 堂课》主要能够解决哪些问题？我在日常工作中可以应用到哪些方面？请以小标题的形式罗列出来。

实战场景。我是新媒体领域从业者，想利用本书中提到的方法提升新媒体工作技能，请根据文中内容帮我生成实操指导方案。

● AI 的回答

一、提取信息：《个人品牌 7 堂课》重点信息梳理

1. 平台思维

借助平台力量，打造个人品牌。

高质量内容、个人风格、平台选择是关键。

抓住平台风口，了解平台运营规则和扶持政策。

2. 赛道思维

确定个人品牌运营赛道，如教育、出版、培训、咨询等。

研究对标人物，制定市场策略。

…………

二、深度提炼：第 7 章 "运营思维" 详解

第 7 章 运营思维

概念：运营思维是指围绕个人品牌的长期规划，通过故事、赋能、出圈、借势、造浪、整合等手段，提升品牌知名度和影响力的思维方式。

…………

三、关联应用

《个人品牌 7 堂课》主要能够解决的问题：

如何系统地建立和运营个人品牌？

如何选择合适的平台和赛道？

如何通过团队协作提升品牌运营效率？

…………

（以上内容由文心一言生成，有删改）

可以看出，AI 对《个人品牌 7 堂课》的提炼，不仅提取了书中的重点信息，还能根据用户个性化需求对某一章内容进行深度解读，并且教用户如何将书中方法应用到工作和生活中，形成从学习到应用的路径。

当然，我们还可以借助经典阅读方法来进行精华提炼——应用下面这个提示词模板即可。

精华提炼提示词模板 2

我想了解 [书名] 这本书主要讲了哪些内容，请结合《如何阅读一本书》《洋葱阅读法》等书中的理论，帮我提炼 [书名]。

【案例 2】《学会提问》全书精华提炼

❓ 用户提问

我想了解《学会提问》这本书主要讲了哪些内容，请结合《如何阅读一本书》中的"四个层次"理论，帮我提炼《学会提问》。

● AI 的回答

《学会提问》这本书主要围绕批判性思维展开，旨在帮助读者提升提问和评估、论证的能力，从而更加理性地看待事物和做出决策。结合《如何阅读一本书》中的"四个层次"理论，我们可以将《学会提问》的精华内容提炼如下。

一、基础阅读

在基础阅读层次，《学会提问》要求读者能够识别并理解书中的基本概念和术语，如"海绵式思维""淘金式思维""线性思维""系统思考"……

二、检视阅读

在检视阅读层次，读者应快速浏览《学会提问》，把握该书的整体框架和主要内容。可以通过查看书名、序言、目录、索引等部分，了解该书的主题、结构和重点章节。例如……

三、分析阅读

分析阅读是《学会提问》阅读中的核心层次，要求读者深入理解该书内容，并进行批判性思考。具体可以分为以下几个阶段。

1. 了解内容

确定该书的主题和分类……用简短的话概述该书的主要内容和核心观点，如批判性思维的重要性、如何识别论证中的谬误等。

2. 抓重点

找出书中反复出现的关键词和核心概念……理解作者如何通过提问和评估、论证来阐述批判性思维的重要性。

3. 评价

对书中的观点和论证进行批判性评价,判断其合理性和可靠性。识别并指出论证中的谬误和不足之处,如滑坡谬误、诉诸公众谬误等。

四、主题阅读

虽然《学会提问》本身不是一本主题阅读书,但读者可以将它与其他相关书籍(如《如何阅读一本书》《批判性思维》等)结合起来进行主题阅读……

(以上内容由文心一言生成,有删改)

这篇精华提炼是按照经典阅读方法提供的理论进行梳理的,梳理过程层层递进,可以让读者全面、深层次地了解《学会提问》的内容是什么,与同类型书籍相比其优势是什么。

5.2 论文阅读:一分钟深度理解万字长文

在当下这个信息爆炸的时代,高效阅读和深度理解成为难题和挑战。

论文太多,阅读需要耗费大量时间与精力。更痛苦的是,好不容易读完,却什么都没记住,完全没收获。

如何快速、有效地阅读论文呢?

使用 AI 可以解决这个难题,让你无须阅读全文,就能快速掌握论文精髓。

按照下面的思路,可以让 AI 快速阅读论文。

由于论文阅读具有学术研究的专业性与复杂性，所以我们将依照以上 4 个步骤分别梳理对应的提示词模板。

第一步，上传论文，明确阅读标准。

上传论文，让 AI 知道需要阅读的论文是什么。

明确阅读标准。遵循学术研究的专业规定，给 AI 设定一个论文阅读标准，确保 AI 在阅读论文时能够始终按照这个阅读标准进行。

明确阅读标准提示词模板

（上传论文）

我上传的是一篇 ×× 专业的论文，请按照以下要求进行阅读。

1. 你的回答请完全基于我向你提供的论文进行。

2. 必要时，请引用论文原文表明你的观点的真实性，若引用原文，请使用 " "。

3. 你的回答请严格遵循学术思维逻辑，回答的格式请遵循序列性格式。

【**案例**】阅读论文

❓ 用户提问

（上传论文）

我上传的是一篇名为《智媒化：未来媒体浪潮——新媒体发展趋势报告（2016）》的论文，请按照以下要求进行阅读。

1. 你的回答请完全基于我向你提供的论文进行。

2. 必要时，请引用论文原文表明你的观点的真实性，若引用原文，请使用""。

3. 你的回答请严格遵循学术思维逻辑，回答的格式请遵循序列性格式。

如果你理解我的要求请回复"明白"。

第二步，结构式粗读。

有时候我们需要阅读大量论文，但是阅读的精细程度有所不同，有些论文大致了解即可，对这些论文需要进行结构式粗读。

结构式粗读只需要基于论文内容了解论文的研究目的、研究基础、理论依据等，我们只需要将这些需求整理出来，让 AI 梳理总结即可。

结构式粗读的提示词比较灵活，你想了解什么内容，直接向 AI 提问即可。

结构式粗读提示词模板

基于论文全文，请回答以下问题。

1. 研究问题：这篇论文研究的问题是什么？

2. 理论基础：这篇论文的理论基础是什么？

3. 论点及论证方式：作者的论点是什么？论文中如何使用论据对论点进行论证？

4. 研究总结：这篇论文的研究结论是什么？

5. 创新点：这篇论文的创新点是什么？

6. 样本选择：研究的样本是如何选择的？样本的选择是否具有代表性？

7. 与这篇论文观点一致的研究有哪些？

8. 与这篇论文观点相反的研究有哪些？

---

9. 作者在论文中做了什么工作？

10. 论文对未来研究的建议是什么？

【案例】粗读文献

❓ 用户提问

基于论文全文，请回答以下问题。

1. 研究问题：这篇论文研究的问题是什么？

2. 理论基础：这篇论文的理论基础是什么？

3. 论点及论证方式：作者的论点是什么？论文中如何使用论据对论点进行论证？

4. 研究总结：这篇论文的研究结论是什么？

5. 创新点：这篇论文的创新点是什么？

6. 样本选择：研究的样本是如何选择的？样本的选择是否具有代表性？

7. 与这篇论文观点一致的研究有哪些？

8. 与这篇论文观点相反的研究有哪些？

9. 作者在论文中做了什么工作？

10. 论文对未来研究的建议是什么？

● AI 的回答

1. 研究问题

这篇论文的核心研究问题：在人工智能、物联网等技术的驱动下，媒介智能化转型呈现哪些特征？其如何重构用户行为、新闻生产模式及媒体生态？

原文明确指出研究聚焦于"智媒化趋势的特征、用户行为转向、新闻生产模式创新及生态重构"（见摘要部分）。

2. **理论基础**

- 技术决定论：强调技术进步对媒介形态的根本性重塑（如万物皆媒的提出）。
- 用户中心主义：以用户行为数据为核心驱动新闻生产和内容调适（如生理数据采集的应用）。
- 媒介环境学：关注技术、环境与人类行为的交互关系（如临场化新闻对用户体验的影响）。
- 传播学中的系统论：分析媒介生态的多维度重构（用户平台、生产系统等）。

3. **研究的论点、理论依据与论证**

核心论点

智媒化趋势正在推动媒介从"人主导"向"人机协同"转型，其特征表现为万物皆媒、人机合一与自我进化，并重构用户行为、新闻生产及生态体系（原文："智媒化趋势的三大特征及其对新闻生态的重构"）。

论据支持

- 万物皆媒：引用物联网设备数量和 VR/AR 市场预测证明技术基础成熟。
- 人机合一：以今日头条算法推荐为例，说明机器在内容生产中的角色扩展。
- 自我进化：通过用户生理数据（如心跳、脑电波）实时采集论证媒介系统的动态优化机制（原文："用户反馈将进入到生理层面"）。
…………

（以上内容由 DeepSeek-R1 生成，有删改）

第三步，批判性精读。

针对重要的论文，批判性精读可以帮助你更好地理解作者的观点和论证过程，从而准确把握论文的核心内容和逻辑结构；同时还能帮助你发现论文的优点和不足，从而对论文的质量进行评估，提高你的思考能力和研究水平，避免误解和歪曲，为论文写作和研究提供有力的支持。

批判性精读重在大胆质疑，应学会运用 AI 提示词，如评估、偏见、可靠性、有效性等。

批判性精读提示词模板

对这篇论文进行批判性精读，回答以下问题。

1. 请评估这篇论文中使用的研究方法，包括样本选择、数据收集及分析技术的有效性和可靠性。

2. 请分析论文的研究结果，评估其贡献，并识别任何可能的偏差或局限性。

3. 请从不同角度提出批判性问题，例如研究设计是否合理、结果是否具有普适性、结论是否有数据支持。

4. 请帮我识别论文中可能存在的作者偏见、研究资助来源的影响或文化偏见。

5. 请基于以上分析结果，帮我形成对论文的批判性见解，并指出其对后续研究的启示或限制。

【案例】精读文献

❓ 用户提问

对这篇论文进行批判性精读，回答以下问题。

1. 请评估这篇论文中使用的研究方法，包括样本选择、数据收集及分析技术的有效性和可靠性。

2. 请分析论文的研究结果，评估其贡献，并识别任何可能的偏差或局限性。

3. 请从不同角度提出批判性问题，例如研究设计是否合理、结果是否具有普适性、结论是否有数据支持。

4. 请帮我识别论文中可能存在的作者偏见、研究资助来源的影响或文化偏见。

5. 请基于以上分析结果，帮我形成对论文的批判性见解，并指出其对后续研究的启示或限制。

- AI 的回答

1. 研究方法评估

· 样本选择与数据收集

局限性

①样本代表性不足：用户调查数据集中于年轻群体（如小于 19 岁的用户使用社交应用获取新闻资讯的比例达 58.5%），缺乏对老年群体的覆盖，可能导致结论偏向数字"原住民"。

②数据来源单一化：行业报告（如 IDC、Statista）侧重技术供给端数据，用户实际体验数据（如对智能家电感兴趣的仅占 36.4%）依赖问卷调查，可能存在自我选择偏差。

· 可靠性问题

①时效性风险：部分数据引用自 2016 年的调查结果（如认为社交平台对新闻获取重要的占 57.3%），而论文讨论的是 2025 年智媒化趋势，技术迭代可能使早期数据没有说服力。

②案例局限性：案例研究集中于美联社、路透社等头部机构，未涵盖中

小媒体或发展中国家的实践，可能忽略边缘化场景的创新。

- 分析技术

①定量主导，缺乏质性补充：算法推荐、用户行为数据等定量分析占主导，但对用户认知的研究仅依赖问卷选项，缺乏深度访谈，难以揭示复杂动机。

②技术乐观主义倾向：传感器新闻、临场化新闻等技术应用被默认为正向创新，未充分讨论技术伦理风险（如 OGC 削弱专业媒体中介价值的批判性论证不足）。

2. 研究结果的贡献与局限性

- 知识贡献

①系统性框架构建：提出"万物皆媒、人机合一、自我进化"的特征框架，整合了技术、用户、生态多维视角，弥补了单一技术决定论的不足。

②实践案例创新：引入社交机器人、可穿戴设备直播等前沿案例，推动学界关注技术驱动的新闻生产模式变革。

- 局限性

①文化与政策盲区：研究聚焦技术逻辑……

②因果关系模糊：例如"用户向移动端的迁移基本完成"……

…………

（以上内容由 DeepSeek-R1 生成，有删改）

第四步，上传多篇论文，对比阅读。

多篇论文对比阅读可以让你了解新的研究成果和进展，学习不同的研究方法和理论，丰富认识和思考问题的角度，在评估不同的研究方法和理论的优缺点的过程中形成独立的认识和看法，激发创新思维和提高研究水平。

基于我上传的多篇论文进行对比阅读，请回答以下问题，并分点总结成表格。

（1）研究问题：论文研究的问题是什么？

（2）理论基础：论文的理论基础是什么？

（3）论文及论证方式：作者的论点是什么？论文中如何使用论据对论点进行论证？

（4）研究总结：论文的研究结论是什么？

（5）创新点：论文的创新点是什么？

（6）样本选择：研究的样本是如何选择的，样本的选择是否具有代表性？

（7）与论文观点一致的研究有哪些？

（8）与论文观点相反的研究有哪些？

（9）作者在论文中做了什么工作？

（10）论文对未来研究的建议是什么？

（11）通过对比阅读提炼论文的论点、证据和结论，判断研究的局限性和可能存在的偏见。

【案例】对两篇论文进行对比阅读

❓ 用户提问

（上传论文）

对我上传的两篇论文《试析新媒体传播的发展趋势》和《人工智能写作发展前景探析》进行对比阅读，请回答以下问题，并分别将两篇论文总结成表格。

（1）研究问题：论文研究的问题是什么？

（2）理论基础：论文的理论基础是什么？

（3）论点及论证方式：作者的论点是什么？论文中如何使用论据对论点进行论证？

（4）研究总结：论文的研究结论是什么？

（5）创新点：论文的创新点是什么？

（6）样本选择：研究的样本是如何选择的，样本的选择是否具有代表性？

（7）与论文观点一致的研究有哪些？

（8）与论文观点相反的研究有哪些？

（9）作者在论文中做了什么工作？

（10）论文对未来研究的建议是什么？

（11）通过对比阅读提炼论文的论点、证据和结论，判断研究的局限性和可能存在的偏见。

● AI 的回答

《试析新媒体传播的发展趋势》总结

序号	分析点	内容
（1）	研究问题	论文旨在分析新媒体传播的发展趋势，探讨大数据、云计算、人工智能等技术对新媒体生态的影响
（2）	理论基础	论文的理论基础涉及新媒体理论、传播学、信息技术等
（3）	论点及论证方式	作者论点是新媒体传播正经历技术革新带来的变革，借助传感器新闻、机器人写作、虚拟现实技术等案例进行论证
（4）	研究总结	论文总结了新媒体传播的 4 个重要发展趋势，并指出了新媒体盈利模式的多元化

序号	分析点	内容
(5)	创新点	论文创新性地结合多个案例分析了新媒体技术在新闻传播中的应用及其对行业的潜在影响
(6)	样本选择	论文未明确指出具体的样本选择方法，而是通过案例分析来支撑观点
(7)	与论文观点一致的研究	论文未提及其他一致观点的研究，但可以推测，关于新媒体技术应用的研究可能与本文观点一致
(8)	与论文观点相反的研究	论文未提及相反观点的研究
(9)	作者在论文中做的工作	作者分析了新媒体技术的发展趋势，并探讨了这些趋势对新闻传播实践和商业模式的影响
(10)	论文对未来研究的建议	论文建议未来的研究应关注新媒体技术的发展及其在传播领域的应用
(11)	对比阅读评估	论文在理论分析上较为全面，但在样本选择和实证研究方面可能存在不足

《人工智能写作发展前景探析》总结

序号	分析点	内容
(1)	研究问题	论文研究的问题是界定人工智能写作，并探讨其优势、不足及发展类型
(2)	理论基础	论文的理论基础是新媒体理论、人工智能技术、写作理论等
(3)	论点及论证方式	作者论点是人工智能写作具有精准化采集、高效化加工、个性化定制等特征，但也存在情感表达不足的问题，借助具体案例和分析进行论证
(4)	研究总结	论文总结了人工智能写作的 3 种类型——辅助式写作、代替式写作和参考式写作，并指出人工智能写作需要人类思维的渗透

序号	分析点	内容
(5)	创新点	论文创新性地对人工智能写作的不同类型进行了分类，并探讨了人工智能与人类协作的独特优势
(6)	样本选择	论文未明确指出具体的样本选择方法，而是通过一般性分析和理论探讨支撑观点
(7)	与论文观点一致的研究	论文未提及其他研究，但可以推测，关于人工智能在写作领域应用的研究可能与本文观点一致
(8)	与论文观点相反的研究	论文未提及相反观点的研究
(9)	作者在论文中做的工作	作者界定了人工智能写作的概念，分析了其特征和类型，并探讨了人工智能与人类协作的独特优势
(10)	论文对未来研究的建议	论文建议未来的研究应关注人工智能写作的伦理问题、技术发展对人类写作的影响以及人工智能与人类创作者的协作模式
(11)	对比阅读评估	论文在理论探讨上较为全面，但在实证研究方面存在不足，可能需要更多的案例分析和数据支持来增强论点的说服力

（以上内容由 DeepSeek-R1 生成，有删减）

　　阅读论文是一项复杂的任务，但是 AI 可以快速并且有效地处理海量论文，大大节省我们的精力与时间。我们可以根据 AI 总结的论文内容提出更加精细化的要求，例如着重解析某一部分，那么 AI 生成的文本会更有针对性，更符合我们的个性化需求。

5.3 论文写作：不再东拼西凑

AI 并不能代替我们撰写论文，但是可以辅助我们撰写论文：AI 能够迅速激发创意和灵感，为我们提供精准的研究方向和探索空间；AI 也能搜索相关论文、阅读论文，大大节省我们的时间与精力；AI 还能帮助我们优化论文；等等。

由于论文写作有其学术严谨性、专业性和复杂性，所以 AI 主要用于辅助论文写作，例如以下环节都可以利用 AI 完成。

第一步，激发选题灵感。AI 可以对学科或研究领域相关论文进行扫描性分析，分析相关领域新的发展与研究动态，并形成参考性论文选题。

激发选题灵感提示词模板

我是 [××] 专业的学生，目前对 [××] 领域非常感兴趣，希望在这个方向上开展研究。请为我推荐 [数量] 个既具有创新性又可行的论文选题，选题需要紧密结合近 3 年内的研究热点，并且每个选题都需要包含以下内容。

1. 选题的研究背景和意义：简要说明该选题在当前学术研究或实践中的重要性和价值。

2. 可能的创新点：指出该选题与现有研究相比的独特视角或方法。

【案例】人工智能领域研究方向论文选题

❓ 用户提问

我是计算机科学专业的学生，目前对人工智能领域非常感兴趣，希望在这个方向上开展研究。请为我推荐 5 个既具有创新性又可行的论文选题，选题需要紧密结合近 3 年内的研究热点，并且每个选题都需要包含以下内容。

1. 选题的研究背景和意义：简要说明该选题在当前学术研究或实践中的重要性和价值。

2. 可能的创新点：指出该选题与现有研究相比的独特视角或方法。

● AI 的回答

选题 1：基于扩散模型的多模态医疗影像联合生成与分割

· 研究背景与意义

随着深度学习在医疗领域应用的爆发式增长（2023 年 *Nature* 综述显示全球医疗 AI 市场规模达 110 亿美元），扩散模型在图像生成领域取得突破，但其与分割任务的融合仍存在效率瓶颈。传统方法需分别训练生成器和分割器，导致计算冗余且难以保证解剖结构合理性。

· 创新点

提出端到端可微分的联合优化框架，通过设计注意力耦合机制……

选题 2：面向个性化教育的 LLM 动态反馈机制

· 研究背景与意义

教育领域正经历 AI 驱动的范式转变（2024 年 EdTech Report 指出 AI 教育工具市场年增长率达 47%）。现有 LLM 教育应用（如 ChatGPT

Tutor）缺乏对学生实时认知状态的建模，难以实现个性化干预。

· 创新点

构建"双流"注意力网络架构。

知识流：基于 LLM 构建学科知识图谱。

认知流：集成眼动追踪与键盘交互数据……

选题 3：跨领域 AI 模型公平性基准测试框架构建

…………

（以上内容由 DeepSeek-R1 生成，有删改）

第二步，生成论文大纲。选定论文选题后，可以先尝试让 AI 生成论文大纲，后续再根据具体需求进行调整。

生成论文大纲的提示词模板

请基于 [××] 主题生成一篇学术论文的大纲，包括以下部分：

1. **研究背景与意义**（阐述该主题的研究背景、现实需求及其学术和应用价值）；

2. **文献综述**（总结相关领域的主要研究成果、研究现状及存在的研究空白）；

3. **研究方法**（详细说明研究采用的定量或定性方法，包括数据来源、实验设计或分析框架）；

4. **数据分析与结果**（预期的数据分析方法及可能的研究发现）；

5. **讨论与建议**（基于研究结果进行深入讨论，并提出相应的应用或政策建议）。

【案例】人工智能在医疗诊断中的应用论文主题大纲

? 用户提问

请基于人工智能在医疗诊断中的应用主题，生成一篇学术论文的大纲，包括以下部分：

1. 研究背景与意义（阐述该主题的研究背景、现实需求及其学术和应用价值）；

2. 文献综述（总结相关领域的主要研究成果、研究现状及存在的研究空白）；

3. 研究方法（详细说明研究采用的定量或定性方法，包括数据来源、实验设计或分析框架）；

4. 数据分析与结果（预期的数据分析方法及可能的研究发现）；

5. 讨论与建议（基于研究结果进行深入讨论，并提出相应的应用或政策建议）。

● AI 的回答

标题

人工智能驱动的精准医疗：诊断技术的革新与挑战

1. 研究背景与意义

1.1 技术背景

医疗数据呈指数级增长（影像学、基因组学、电子病历等）

人工智能技术的突破（深度学习、强化学习、迁移学习）

医疗资源供需矛盾加剧

1.2 现实需求

提高早期疾病（如癌症、糖尿病视网膜病变）筛查准确率

缩短诊断时间并降低医疗成本

解决基层医疗机构专业人才短缺问题

1.3 学术与应用价值

学术价值：探索 AI 技术与医学知识的深度融合机制

应用价值：推动个性化医疗、远程医疗和分级诊疗体系发展

2. 文献综述

2.1 主要研究方向

医学影像分析（CT/X 光 /MRI 图像识别、病灶检测）

自然语言处理（电子病历文本挖掘、临床决策支持）

生物标志物预测（基因组学、蛋白质组学数据分析）

实时监测与预警（可穿戴设备数据整合）

2.2 典型研究成果

Google Health 的乳腺癌筛查系统

DeepMind 的 OCT 扫描仪糖尿病视网膜病变诊断

COVID-19 早期预警系统（基于社交媒体与流行病学数据）

2.3 研究空白

技术瓶颈：小样本学习、跨模态数据融合、可解释性不足

伦理与法规：数据隐私保护、算法偏见、责任界定问题

临床落地障碍：医生接受度、医疗系统集成难度

3. 研究方法

3.1 研究设计

定量研究：对比实验（AI 模型 vs 传统诊断方法）

混合方法：定量分析（模型性能评估）＋ 定性访谈（医生与患者反馈）

3.2 数据来源

公开数据库：MNIST、ChestX-ray14、TCGA 基因组数据

合作机构：三甲医院影像科、电子健康档案系统

合成数据：通过 GAN 生成病理模拟图像（解决数据稀缺问题）

....

4. 数据分析与结果

....

此大纲可根据具体研究领域（如放射学、病理学或皮肤病学）进一步细化，建议结合案例研究增强实践指导性。

（以上内容由 DeepSeek-R1 生成，有删改）

第三步，根据大纲扩写。将想润色的内容发给 AI，它能从语法、用词、结构、风格等方面进行优化。

根据大纲扩写提示词模板

模板 1：扩写研究背景与意义

请根据大纲扩写［研究背景与意义］部分，要求结合最新研究趋势，阐述研究的重要性和创新点。

模板 2：扩写研究方法

请根据大纲内容扩写［研究方法］部分，要求详细说明研究设计、样本选择、数据收集和分析步骤，确保逻辑清晰。

❓ 用户提问

请根据大纲扩写研究背景与意义部分，要求结合最新研究趋势，阐述研究的重要性和创新点。

● AI 的回答

以下是基于最新研究趋势扩展的【研究背景与意义】部分内容，结合 2023-2024 年研究进展，突出技术前沿与现实需求的双向驱动。

1. 研究背景与意义

1.1 技术背景：从单模态到多模态智能诊断的范式跃迁

近年来，人工智能在医疗诊断领域的应用已从单模态数据驱动（如独立分析影像或文本）向多模态融合决策快速迭代。以 GPT-4、Med-PaLM 等大模型为代表的生成式 AI 技术，能够整合影像、病理报告、基因组数据和实时生命体征等多维信息，构建动态诊断推理链条（*Nature Medicine*, 2023）。例如，斯坦福大学开发……

与此同时，联邦学习（Federated Learning）的成熟破解了医疗数据孤岛难题，全球多中心研究（如欧盟 EHR4CR 项目）已验证跨机构协作训练 AI 模型的可行性，为罕见病诊断提供了新路径。

1.2 现实需求：全球医疗系统的三重挑战与 AI 破局潜力

①精准诊断缺口。

世界卫生组织（WHO）统计显示，中低收入国家误诊率高达 40%，而使用 AI 辅助系统（如印度 SigTuple 公司的血液分析 AI）可降低误诊率至 15% 以下（Lancet Digital Health, 2023）。

②医疗资源失衡。

发达国家基层医疗机构面临人才流失（美国乡村地区放射科医生缺口达 65%），而 AI 远程诊断平台（如以色列 Zebra Medical Vision）可提供"7×24"小时级联会诊支持。

③慢性病管理压力。

全球糖尿病患者超 5.37 亿……

…………

（以上内容由 DeepSeek-R1 生成，有删改）

第四步，润色优化。将想润色的内容发给 AI，它能从学术、风格、重复率等方面进行优化。

模板 1：学术化表达

请将以下段落改写为学术化表达，语言严谨、逻辑清晰，并引用 3 篇相关领域的核心文献：[粘贴内容]

模板 2：适配期刊风格

请将以下段落改写为适合发表在 [XX 期刊] 的风格，语言简洁、逻辑严密，并引用该期刊近 3 年的相关文献：[粘贴内容]

模板 3：改写降低重复率

请通过同义词替换、句式重组、增减过渡句的方式改写以下段落，保持原意不变，确保语言流畅且重复率降低：[粘贴内容]

模板 4：重新组织语言

请重新组织以下段落的语言，调整句子顺序，确保逻辑清晰且重复率降低：[粘贴内容]

❓ 用户提问

请将以下段落改写为学术化表达，语言严谨、逻辑清晰，并引用 3 篇相关领域的核心文献：据 WHO 测算，全面部署 AI 辅助诊断可使全球年均避免 230 万例误诊相关死亡，同时减少医疗支出 1.2 万亿美元。

● AI 的回答

以下是对该段落的学术化改写，结合实证研究与权威数据引用。

社会效益

人工智能辅助诊断技术的规模化应用可显著改善全球医疗系统的公平性与效率。世界卫生组织（WHO）的模拟预测表明，系统性部署 AI 辅助诊断系统有望在 2030 年前将全球年均误诊相关死亡率降低 230 万例，同时减少因过度医疗和重复检查导致的 1.2 万亿美元卫生支出（WHO，2023）。这一效益的产生机制主要包括三方面。

1. 诊断准确性提升

基于深度学习的多模态诊断模型（如集成影像与电子健康记录的 Transformer 架构）可将乳腺癌误诊率从 23% 降至 6.8%，尤其在资源匮乏地区表现突出。

2. 医疗资源优化

AI 驱动的分级诊疗系统通过自动化初级筛查，可释放 43% 的专科医生人力资源，缓解中低收入国家专业人员短缺问题。

3. 卫生经济学价值

美国医疗保险与医疗补助服务中心（CMS）的回顾性研究证实，AI 辅助结肠镜检查使每例结直肠癌筛查成本下降 58%，同时将早期病变检出率提高 31%。

上述证据链表明，AI 技术不仅具备临床有效性，更通过系统性成本控制与资源配置优化，为实现联合国可持续发展目标（SDG 3.8）中的全民健康覆盖提供关键技术路径。

参考文献

…………

（以上内容由 DeepSeek-R1 生成，有删改）

5.4 实验报告：轻松拿下高分

实验报告通常与科学研究、产品开发、技术测试等领域紧密相关，可以系统地记录实验过程、分析实验数据、总结实验结果，并提出进一步的研究方向或产品改进建议。职场中如研发部门、质量控制部门、科研机构、技术咨询与服务部门等常常需要写实验报告。

对于许多人来说，实验设计难度大，数据分析复杂，因此写实验报告是一项不小的挑战。现在 AI 可以根据实验主题从多角度设计实验方案，细化实验框架，并快速分析实验数据，生成高质量的实验报告。

那么，如何借助 AI 写实验报告呢？

按照下面的步骤，可以借助 AI 快速撰写实验报告。

第一步，明确实验目标，生成实验报告框架。告诉 AI 你的行业、岗位、实验对象、实验目的。信息越详细，AI 生成的实验报告框架越精准。

【案例】让 AI 生成一个有关 AI 智能鼠标的实验报告框架

❓ 用户提问

我是互联网科技公司的研发人员，研发了一款 AI 智能鼠标，想针对这款鼠标的性能和用户体验反馈情况做一项实验。请根据我提供的信息生成一个专业、严谨的实验报告框架。

AI 智能鼠标性能使用与用户体验反馈实验报告框架

一、实验报告概述

· 报告标题：AI 智能鼠标性能使用与用户体验反馈实验报告

· 报告目的：本实验旨在通过系统的测试与分析，全面评估所研发的 AI 智能鼠标在性能表现及用户体验方面的实际情况，为后续产品优化与市场推广提供科学依据。

· 报告背景：随着互联网科技的飞速发展，智能设备已成为日常生活和工作中不可或缺的一部分。AI 智能鼠标作为新型输入设备，融合了人工智能技术与传统鼠标功能，旨在提升用户操作效率与体验。

· 报告范围：本报告涵盖 AI 智能鼠标的性能测试（包括响应速度、精度、续航能力等）以及用户体验反馈（包括舒适度、易用性、智能化功能评价等）两大方面。

二、实验设计

1. **实验对象**

目标用户群体：办公人员、游戏玩家、设计师等不同职业背景的用户。

2. **实验样本数量**

根据统计学要求确定，确保结果具有代表性。

3. **实验环境**

· 硬件环境：多种配置的电脑主机、显示器等，以模拟不同用户的使用场景。

· 软件环境：操作系统、常用办公软件、游戏、设计软件等，以全面测试鼠标的兼容性。

4. **实验方法**

· 性能测试：采用标准测试软件与工具，对鼠标的响应速度、精度、续航能力等进行量化测量。

· 用户体验反馈：通过问卷调查、用户访谈、观察记录等方式，收集用户对鼠标的舒适度、易用性、智能化功能等方面的主观感受与建议。

· 实验变量控制：确保实验过程中除测试对象外，其他因素（如测试环境、测试人员等）保持一致，以减少误差。

三、实验实施

· 实验准备：包括实验设备的校准、测试软件的安装与配置、实验人员的培训等。

· 数据收集：按照实验设计，有序进行性能测试与用户体验反馈数据的收集。

· 数据记录：详细记录实验过程中的关键数据、用户反馈及观察到的现象。

四、数据分析

· 性能数据分析：对收集到的性能数据进行统计分析，包括平均值、标准差、最大值、最小值等指标的计算，以评估鼠标的性能表现。

· 用户体验反馈分析：对问卷调查、用户访谈等数据进行整理与分析，提炼用户对鼠标的满意度、改进建议等关键信息。

· 相关性分析：探讨性能表现与用户体验之间的潜在关系，为产品优化提供方向。

五、实验结果

· 性能表现总结：基于数据分析结果，总结 AI 智能鼠标在响应速度、精度、续航能力等方面的表现。

· 用户体验反馈总结：归纳用户对鼠标舒适度、易用性、智能化功能等方面的评价与建议。

· 问题与挑战：指出实验中发现的性能缺陷、用户体验不佳之处及潜在的市场挑战。

六、产品优化建议

· 性能提升：针对性能表现中的薄弱环节……

· 用户体验优化：根据用户反馈……

· 市场定位与策略：结合实验结果……

七、结论与展望

· 实验结论：总结本次实验的主要发现……

· 未来展望：展望产品未来的发展方向……

八、附录

· 实验数据表格：……

· 问卷调查样本：……

· 用户访谈记录：……

九、参考文献

列出实验报告中引用的所有文献、标准与参考资料，确保报告的学术严谨性。

（以上内容由文心一言生成，有删改）

第二步，设计完整实验，完善调研方案。 依照实验框架，让 AI 辅助设计一个完整的实验，尤其是数据调研部分，要求详细具体、操作性强。

❓ *用户提问*

请根据实验框架，设计一个完整的实验。其中的数据调研部分需要包含具体的实施场景、调研人数、调研方案、数据收集方式、数据分析方式。

要求：容易操作、调研群体覆盖多个领域。

● *AI 的回答*

AI 智能鼠标性能使用与用户体验反馈实验设计

一、实验报告概述

· 报告标题：AI 智能鼠标性能使用与用户体验反馈实验报告

- 报告目的：本实验旨在通过系统的测试与分析……
- 报告背景：随着互联网科技的飞速发展……
- 报告范围：本报告涵盖 AI 智能鼠标的性能测试……

二、实验设计

1. 实验对象与目标用户群体

- 目标用户群体：办公人员、游戏玩家、设计师、编程人员、学生等不同职业背景的用户，确保调研群体覆盖多领域，以获取更全面的用户反馈。

2. 实验样本数量

- 根据统计学要求，预计总调研人数为 500 人，其中办公人员 150 人，游戏玩家 100 人，设计师 100 人，编程人员 100 人，学生 50 人。样本数量确保结果具有代表性，能够反映不同用户群体的需求和偏好。

3. 实验环境与设备

- 硬件环境：多种配置的电脑主机、显示器等，以模拟不同用户的使用场景。确保测试设备具有代表性，能够覆盖市场上主流的硬件配置。
- 软件环境：操作系统、常用办公软件、游戏、设计软件等，以全面测试鼠标的兼容性。选择用户常用的软件和游戏进行测试，以评估鼠标在实际使用中的表现。

4. 实验方法与具体实施场景

①性能测试：在专业的测试实验室中，使用标准测试软件与工具，对鼠标的响应速度、精度、续航能力等进行量化测量。确保测试环境一致，减少误差。测试过程中，记录关键数据，如响应时间、精度误差、电池续航时间等。

②用户体验反馈

- 问卷调查：设计包含多个维度（如舒适度、易用性、智能化功能评价等）的问卷，通过在线平台（如问卷星）发放给目标用户群体。问卷设计简洁明了，便于用户快速填写。同时，设置合理的问卷回收期限，确保收集到足够数量的有效问卷。

- 用户访谈：选择部分典型用户（如办公人员中的高管、游戏玩家中的高手、设计师中的资深人士等）进行深度访谈，了解他们的具体使用场景、需求及改进建议。访谈采用面对面或线上视频方式进行，确保访谈过程的私密性和有效性。访谈过程中，记录用户的主要观点和建议，并进行适当的追问和澄清。
- 观察记录：在办公场所、游戏厅、设计工作室……

5. 数据收集方式

- 问卷调查数据通过在线平台自动收集，导出为 Excel 或 SPSS 等统计软件可识别的格式。
- 用户访谈数据通过录音笔或线上会议软件记录，并后续整理成文字。
- 观察记录数据由实验人员现场记录，并拍照或录像作为辅助材料。

6. 数据分析方式

- 使用统计软件对问卷调查数据进行量化分析，计算平均值、标准差、满意度分布等指标。同时，进行相关性分析，探讨不同维度之间的关联性和影响程度。
- 对用户访谈和观察记录数据进行内容分析，提炼关键观点和建议。分析过程中，注意区分不同用户群体的需求和偏好，以及他们在使用过程中的问题和痛点。
- 结合性能数据和用户体验数据，进行综合分析。探讨性能表现与用户体验之间的潜在关系，为产品优化提供方向。同时，对比不同用户群体的反馈结果，分析产品在不同市场领域的优势和劣势。

三、实验实施

1. 实验准备

- 校准实验设备，确保测试软件和工具的准确性。对测试软件进行预测试，确保其功能正常且符合测试要求。
- 设计并测试问卷，确保问题的有效性和针对性。选择适当的问卷长度和题型，以提高用户的填写意愿和回收率。

· 安排访谈时间和地点，联系访谈对象。确保访谈过程的顺利进行和访谈对象的积极配合。

· 培训实验人员，确保他们熟悉实验流程和操作要求。对实验人员进行必要的培训和指导，提高他们的专业素养和实验能力。

2. 数据收集

· 按照实验设计，有序进行问卷调查、用户访谈和观察记录的数据收集工作。确保数据收集过程的完整性和准确性，及时记录异常情况并处理。

· 在数据收集过程中，注意保护用户的隐私和权益。遵循相关法律法规和伦理原则，确保数据的合法性和合规性。

3. 数据记录

· 详细记录实验过程中的关键数据、用户反馈及观察到的现象。记录过程中，注意保持数据的准确性和完整性，避免遗漏或错误。

· 对数据进行初步整理，确保数据的可读性和可用性。对缺失或异常数据进行适当的处理和分析，以提高数据的准确性和可靠性。

四、数据分析

（具体内容根据收集到的数据进行分析，此处提供分析框架）

1. 性能数据分析

· 对收集到的性能数据进行统计分析，包括平均值、标准差……

· 分析性能数据中的异常值和波动情况……

2. 用户体验反馈分析

· 对问卷调查数据进行量化分析，计算满意度分布……

· 对用户访谈和观察记录数据进行内容分析……

3. 相关性分析

· 探讨性能表现与用户体验之间的潜在关系……

· 结合实验结果和市场需求，提出产品优化的方向……

五、实验结果

（具体内容根据数据分析结果撰写，此处提供撰写框架）

1. 性能表现总结

基于数据分析结果……

2. 用户体验反馈总结

归纳用户对鼠标舒适度、易用性、智能化功能……

3. 问题与挑战

指出实验中发现的性能缺陷、用户体验不佳之处……

六、产品优化建议

（根据实验结果和用户需求提出具体建议）

1. 性能提升

针对性能表现中的薄弱环节……

2. 用户体验优化

根据用户反馈，提出提升鼠标舒适度……

3. 市场定位与策略

结合实验结果和市场需求……

七、结论与展望

…………

八、附录

…………

九、参考文献

…………

第三步，上传数据样本，完成数据分析。根据收集到的调研数据样本进行数据分析。

（上传所有调研样本数据文档）

1. 问卷调查

样本量：共收到有效问卷 300 份。

样本分布：涵盖设计师（50 份）、游戏玩家（75 份）、学生（50 份）、办公室职员（75 份）、其他（50 份）。

数据收集方式：通过线上平台（问卷星）发放并收集。

2. 访谈

访谈人数：选取了 50 名代表性用户进行深入访谈。

访谈对象与职业：设计师（10 人）、游戏玩家（15 人）、学生（10 人）、办公室职员（10 人）、其他（5 人）。

3. 观察记录

观察人数：30 人。

观察对象与职业分布：设计师（5 人）、游戏玩家（10 人）、学生（5 人）、办公室职员（5 人）、其他（5 人）。

请根据我上传的数据样本文档，进行数据分析并进行总结。

● AI 的回答

（扫描下方二维码，发送关键词"251120"，查看 AI 生成的完整信息）

实验报告覆盖的模块比较多，环节操作也比较复杂，我们借助 AI 可以高效完成框架搭建与规模庞大的数据信息的处理，从而节约时间和精力。

5.5 新闻资讯：信息采写迅速可靠

面对突发事件或社会热点，人人可以随手拍视频、发微博，因此新闻工作者不仅要跟事件本身抢时间，还要和网友拼速度。

借助 AI 撰写新闻资讯，新闻工作者可以高效处理海量数据，快速生成报道文本，确保信息具备时效性；同时 AI 可以根据输入的关键词和素材自动生成相关内容和观点，并根据不同平台读者的偏好调整语言风格，这提高了新闻工作者撰写资讯的效率，让其有更多时间从事深度采写工作。

按照下面的思路，可以让 AI 梳理出新闻资讯的提示词模板。

①**设定角色**。将 AI 设定为新闻记者。

②**提供素材**。将收集到的新闻素材发送给 AI。

③**确定结构**。新闻资讯的写作结构通常遵循一定的规范，以确保信息准确传达和易于读者理解。典型的新闻资讯类文章可以概括为以下几个部分：标题、导语、正文、背景、引用、分析、结尾、来源。

④**描述要求**。尽可能详细描述你的撰写要求，比如详细分析事件发生的原因、回顾过往是否有相关报道、解读对社会造成的影响等。

⑤**润色审核**。对生成的新闻资讯进行优化、润色，使之符合要求，然后针对新闻资讯中出现的案例、数据、政策等信息，让 AI 提供信息来源，方便自己核实。

新闻资讯提示词模板

设定角色：你是一位专业的新闻记者，拥有多年一线采访经验，擅长撰写新闻资讯稿件。

素材：请根据我提供的新闻素材撰写一篇新闻资讯。

结构：标题、导语、正文、背景、引用、分析、结尾、来源。

要求：根据素材，请从文化背景、社交媒体现象、影响等方面进行深入分析，并给出你的见解和建议，请确保分析具有逻辑性和条理性。

润色审核：对文本中提到的社会现象分析，请提供来源。

现在请根据以下信息写一篇新闻资讯。

1. 信息主题：[新闻资讯的主题]

2. 素材内容：[围绕新闻资讯的主题收集到的素材]

3. 案例展示：[列举新闻案例]

4. 大众评价：[列举大众对这一事件或现象的评价]

5. 观点解析：[作者本人的思考和观点]

【案例】新闻资讯："年轻人爱上 City Walk"

❓ 用户提问

你是一位专业的新闻记者，拥有多年一线采访经验，擅长撰写新闻资讯稿件。

素材：请根据我提供的新闻素材撰写一篇"年轻人爱上 City Walk"的新闻资讯。

结构：标题、导语、正文、背景、引用、分析、结尾、来源。

要求：根据素材，请从文化背景、社交媒体现象、影响等方面进行深入分析，并给出你的见解和建议，请确保分析具有逻辑性和条理性。

润色审核：对文本中提到的社会现象分析，请提供来源。

现在请根据以下信息写一篇专业的新闻资讯，字数在 600 字左右。

1. 信息主题：年轻人爱上 City Walk。

2. 素材内容：年轻人爱上 City Walk（城市漫步）这一现象，反映了现代都市中一种追求健康、休闲、探索与社交的新型生活方式。City Walk 不是一种简单的行走活动，而是融合了多种元素，成为年轻人喜爱的活动之一。以下是一些年轻人爱上 City Walk 的原因。

…………

3. 案例展示：小红书上有关 City Walk 的笔记超过 100 万篇，包括 City Walk 路线分享、打卡笔记、City Walk 穿搭等。小红书相关笔记中最热门的 4 种标签是 "人文风光展示" "美食探店" "景点" "接地气生活"。由此可以看到 City Walk 的特色标签中，文化、饮食、美景、当地生活是最能凸显城市特色的。

4. 大众评价："说走就走，性价比高，游玩变得自由随性。"

5. 观点解析：这一社会现象折射出年轻人对于生活品质的追求和对城市文化的热爱。

● **AI 的回答**

重新发现城市：解码 City Walk 热潮背后的青年文化密码

【导语】

在 "特种兵" 旅游盛行之后，2023 年夏天的年轻人们正以 City Walk（城市漫步）这种更具人文温度的方式丈量城市。数据显示，小红书 #City Walk 话题浏览量突破 2.3 亿次，蝉联暑期十大旅游热词榜首。

这种看似随意的行走方式，实则凝聚着社交、文化探索、情绪治愈等多重时代要素。

【正文】

工作日的傍晚，北京杨梅竹斜街的咖啡店老板发现，手持纸质地图漫步的年轻面孔明显增多。这些漫步者用 3~5 小时沉浸式体验胡同生活，这种被称为"微旅行"的探索方式，正在重构城市空间的认知模式。

【文化溯源】

不同于传统旅游的"景点集邮"，City Walk 的本质是对当地文化的深度感知。中国旅游研究院专项调查显示……

【社交裂变】

小红书运营负责人透露，平台通过"城市漫游指南"话题引导，催生了 37 万条原创内容。算法推荐的"梧桐区 City Walk""菜市场摄影"等主题路线……

【现象解析】

当"内卷"成为时代症候，年轻群体通过低成本、高自主性的城市探索，实现对抗焦虑的情绪代偿……

【城市响应】

上海市文化和旅游局推出"建筑可阅读"计划，将 1298 处历史建筑转化为漫步节点……

【建议展望】

清华大学城市更新与治理研究中心建议，通过设立文化遗产解说系统、开发社区型漫步驿站……

【结语】

当年轻人在梧桐树下丈量城市年轮，在菜市场里解码方言，这场静悄悄的城市运动正在重塑人与空间的关系。或许正如刘易斯·芒福德所言："城市是文化的容器。"

【来源】

1. 小红书《2023 夏日旅行报告》

2. 艾媒咨询《城市微旅行消费行为白皮书》

3. 中国旅游研究院专家访谈记录

4. 国家统计局都市圈文化消费数据

（以上内容由 DeepSeek-R1 生成，有删改）

可以看出，这篇新闻资讯结构严格遵守新闻写作规范，写明了事件 / 现象、原因、分析等，满足读者想了解事件 / 现象的需求。

5.6 教案编写：备课效率大提升

在教师的日常工作中，备课是相当重要的任务，而编写教案则是其中的关键步骤。一份好的教案能够显著提升课堂教学的质量，激发学生的学习兴趣，提升学生的参与度。然而，要编写出好的教案，教师不仅需要深入理解教学目标，还需要准确把握学生面临的学习重难点，巧妙融合教学创新与实践经验。

借助 AI，教师能够更高效地分析课程要求，洞悉学生群体的学习特点，从而设计出既符合教学大纲又贴近学生实际情况的教案。按照下面的思路，可以让 AI 快速梳理出备课教案。

明确教学内容 ⇒ 描述要求，编写教案 ⇒ 润色 / 优化

第一步，明确教学内容。

现在你是一位教学经验丰富的语文老师，请你分析课文《荷塘月色》的教学目标和重难点。

● AI 的回答

作为一位教学经验丰富的语文老师，针对《荷塘月色》这篇课文的教学，我们可以这样设定教学目标和明确教学重难点。

教学目标

·知识与技能目标

学生能够准确理解并概括文章的主要内容，包括作者描绘的荷塘月色的美景及其所蕴含的情感。

·过程与方法目标

开展朗读、讨论、分析等多种教学活动，引导学生……

·情感态度与价值观目标

引导学生体会作者在特定时代背景下对自由、宁静生活的向往与追求……

教学重难点

…………

（以上内容由文心一言生成，有删改）

第二步，描述要求，编写教案。 在以上教学内容的基础上，看看是否有关于课堂互动、课后练习、教学风格等方面的具体要求。

❓ 用户提问

请按照符合课程标准，设计适合学生年龄特点的课堂活动的要求，结合以上教学内容编写一份优质的备课教案。

《荷塘月色》备课教案

年级：高一

科目：语文

授课教师：[教师姓名]

授课时间：[具体日期] 第 × 节课

教学目标

·知识与技能目标：学生能够准确概括《荷塘月色》的主要内容，识别并解释文中使用的修辞手法，并尝试在自己的写作中运用。

·过程与方法目标：……

·情感态度与价值观目标：……

教学重难点

·教学重点：理解文章内容，掌握修辞手法，感受文章意境。

·教学难点：深入挖掘文章深层意蕴，进行个性化解读。

教学过程

一、导入新课（5分钟）

活动：月光下的遐想。播放一段轻柔的《月光曲》，引导学生闭上眼睛想象自己置身于月光下的荷塘边，随后请几名学生分享自己的想象画面，引出课文《荷塘月色》。

二、初读课文，整体感知（10分钟）

任务：学生自由朗读课文，标注生词难句，初步感受文章的语言美和意境美。

教师活动：巡视指导，解答学生疑问。

三、精读课文，理解内容（20分钟）

分段精读：将课文分为几个部分，将学生分为几组，每组学生负责一个部分，进行精读并总结段落大意。

修辞手法探讨：……

四、深入研读，情感共鸣（15 分钟）

小组讨论：作者为何会在荷塘月色中寻得片刻宁静？引导学生结合时代背景和作者的个人经历，探讨作者的情感世界。

角色扮演：选取文中经典段落，让学生进行角色扮演，体会作者情感。

…………

第三步，润色 / 优化。我们可以进一步根据实际学情，让 AI 不断优化这份备课教案。

❓ 用户提问

我觉得课堂互动不够完善，请你优化，提升学生参与度，营造较轻松的课堂氛围。

● AI 的回答

教学过程

一、创意导入，激发兴趣（5~7 分钟）

活动：月光下的秘密。利用多媒体展示几幅不同风格的荷塘月色图片，对每幅图片都设置一个与《荷塘月色》相关的小问题或诗句线索。学生分组竞赛，看哪组能最快、最准确地解开所有秘密。

二、初读课文，抢答挑战（10 分钟）

任务：学生快速浏览课文，参与"《荷塘月色》知识抢答"。问题涵盖课文内容、修辞手法、作者背景等。

形式：采用小组竞赛的方式，答对加分，答错不扣分，鼓励学生积极参与。

…………

用 AI 辅助编写教案具有节省时间、提高效率、可个性化定制等优点，同时也存在实际经验、事实准确性欠缺，创造性不足等缺点，教师在使用 AI 辅助编写教案时，要结合自己的教学经验对生成的内容进行调整和优化。

5.7 读书笔记：高效提炼图书要点

精彩的读书笔记不仅能够深化读者对图书内容的理解，还能激发读者的思考与共鸣，促进知识的内化与传播。创作高质量的读书笔记同样是一项挑战，其核心在于精准捕捉图书的精髓并结合个人感悟，以独特的视角展现图书蕴含的智慧与魅力。

借助 AI，我们可以更加高效地提炼图书要点，挖掘作者的意图，进而创作出精彩的读书笔记。那么，如何利用 AI 辅助我们创作表达深刻且吸引人的读书笔记呢？

按照下面的思路，可以让 AI 快速梳理出读书笔记的提示词模板。

①**设定角色**。将 AI 设定为读书博主。

②**明确目标**。发布读书笔记，吸引粉丝关注和互动。

③**确定内容**。根据读书笔记的使用场景，使 AI 明确读书笔记的内容板块，包括但不限于主要观点、金句分享、经典段落赏析、个人感悟等。

④**描述要求**。尽可能详细地描述要求，比如读书笔记的可读性、语言风格、视觉辅助等。

角色：你是一位小红书读书博主，擅长撰写有深度的读书笔记。

目标：撰写能吸引目标受众关注和互动的读书笔记。

内容：读书笔记应包含主要观点、金句分享、经典段落赏析、个人感悟等内容板块。

要求：读书笔记有可读性、能传播知识。

现在根据以下信息，写一篇读书笔记。

1. 书名：[图书的名称]

2. 作者：[图书的作者]

3. 类型：[图书的类型]

4. 特色：[图书的特色]

【案例】《抖音思维》读书笔记

❓ 用户提问

角色：你是一位小红书读书博主，擅长撰写有深度、有广度的读书笔记。

目标：撰写能吸引目标受众关注和互动的读书笔记。

内容：读书笔记应包含主要观点、金句分享、经典段落赏析、个人感悟等内容板块。

要求：读书笔记有可读性、能传播知识。

现在根据以下信息，写一篇读书笔记。

1. 书名：《抖音思维》

2. 作者：秋叶

3. 类型：市场营销

4. 特色：抖音工作手册，企业学习用书。所有的生意，都值得用抖音全部重新做一遍！作者秋叶，其抖音 Office 矩阵账号拥有超 3000 万粉丝，倾囊相授 10 种抖音思维。书中全是干货，早读早赚！

- ### AI 的回答

读书笔记｜《抖音思维》

在这个短视频盛行的时代，抖音不仅仅是一个娱乐平台，更是企业营销的阵地。《抖音思维》一书，由抖音 Office 矩阵账号粉丝超 3000 万的秋叶亲笔撰写，他无疑为我们揭开了抖音平台营销的神秘面纱，提供了一套实战性强、思维前卫的营销策略。

主要观点

1. 抖音思维，重塑营销逻辑

秋叶在书中强调，抖音思维的核心在于"用户至上，内容为王"。在抖音这个流量池中，用户的注意力是稀缺资源，唯有精准洞察用户需求，创作质量高、有吸引力的内容，才能赢得用户的青睐。

2. 矩阵布局，构建品牌生态

…………

金句分享

"在抖音，所有的生意都值得用短视频重新做一遍。"

"用户不是等来的，而是吸引来的。"

"数据是营销的指南针，精准定位才能事半功倍。"

经典段落赏析

…………

个人感悟

…………

《抖音思维》不仅是一本关于市场营销的书，更是……

（以上内容由文心一言生成，有删改）

可以看出，这篇读书笔记从主要观点到金句分享，从经典段落赏析到个人感悟，逐步展示了该书的精髓，并巧妙地吸引了读者的注意力，满足了他们对于知识获取、情感共鸣、思维拓展以及阅读体验等多方面的需求。

5.8 合同拟订：保障双方合法权益

一份严谨公正的合同不仅能够明确双方权益，减少法律纠纷，还能增强双方的信任与默契。拟订高质量的合同并非易事，其核心在于精准把握合作双方的利益诉求与风险点，同时清楚地确定合同条款，确保公平性与可执行性。

借助 AI，我们可以更加高效地梳理合作细节，精准定位合同条款的要点，从而拟定公正合理、清晰详细的合同。

按照下面的思路，我们可以让 AI 逐步生成一份既严谨又合理的合同。

【案例】房屋租赁合同

第一步，提供信息和目的，拟订合同。 告诉 AI 你的身份，明确合同的目的，这能让 AI 更准确地理解你的需求，接着就可以让 AI 帮助你拟订一份合同了。

? 用户提问

你是一名即将出租房屋的业主。请拟订一份房屋租赁合同，合同须保障自身权益，明确交易细节，避免潜在纠纷。

● AI 的回答

房屋租赁合同

合同编号：[填写编号]

甲方（出租方）信息：

姓名/名称：[您的姓名]

身份证号码/统一社会信用代码：[您的身份证号码/公司注册号]

联系电话：[您的联系电话]

通信地址：[您的通信地址]

乙方（承租方）信息：

姓名/名称：[承租人的姓名/公司名称]

身份证号码/统一社会信用代码：[承租人的身份证号码/公司注册号]

联系电话：[承租人的联系电话]

通信地址：[承租人的通信地址]

第一条　租赁物及用途

甲方同意将其合法拥有的位于[房屋详细地址]的房屋（以下简称"该房屋"）出租给乙方使用。

该房屋用途为[居住/办公/商业等]，乙方承诺仅按此用途使用该房屋。

第二条　租赁期限

租赁期限自[起始日期]至[结束日期]。

如需续租，乙方应在租赁期满前［提前通知天数，如 30］天书面通知甲方，双方协商一致后重新签订租赁合同。

第三条　租金及支付方式

租金为每月人民币［租金金额］元整（大写：［大写金额］），按［月／季／年］支付。

…………

第八条　争议解决

…………

第九条　其他

本合同自双方签字盖章之日起生效。

本合同一式两份，甲乙双方各执一份，具有同等法律效力。

甲方（签字）：_____日期：_____年_____月_____日

乙方（签字）：_____日期：_____年_____月_____日

请根据实际情况填写上述模板中的［填写项］，并考虑是否需要添加其他条款或调整现有条款以满足您的具体需求。在最终确定合同内容前，建议咨询专业法律人士以确保合同的合法性和有效性。

（以上内容由文心一言生成，内容有删改）

第二步，补充优化。 我们可以根据实际情况，让 AI 优化合同，比如存在特殊的需要额外补充条款。

❓ 用户提问

我想补充一条转租与分租的条款。作为业主，我禁止乙方私自转租与分租。

● AI 的回答

新增条　转租与分租

乙方未经甲方书面同意，不得擅自将该房屋全部或部分转租、转借、分租，或以其他任何形式让渡该房屋的使用权给第三方。

如乙方因特殊原因确需转租或分租该房屋的，应提前 [具体天数，如 30] 天书面通知甲方，并详细说明转租或分租的原因、对象、期限及租金分配等具体事项。甲方应在收到乙方通知后 [具体天数，如 10] 天内给予书面答复。若甲方同意，双方应重新签订合同或签订补充协议，明确转租或分租的具体条件及双方的权利和义务。

若乙方擅自转租或分租该房屋，甲方有权单方面解除本合同，收回房屋，并要求乙方承担违约责任及赔偿因此给甲方造成的损失。同时，乙方已支付的租金及押金不予退还。

在实际操作中，我们可以根据需求和具体合同类型，对 AI 进行更详细的指导和训练，以增强其生成合同的准确性和专业性。同时，我们最好保持与 AI 的连续对话，及时反馈和调整合同内容，以确保最终生成的合同完全符合双方的需求和期望。

在最终确定合同内容前，务必咨询专业法律人士以确保合同的合法性和有效性。